Lib.º.º 1867.

RECHERCHE

DE LA

VÉRITÉ SOCIALE.

Montmartre, Imp. Pilloy, boulev. Pigale, 48.

RECHERCHE

DE LA

VÉRITÉ SOCIALE

OU

Exposé d'une nouvelle organisation politique et économique de la Société;

PAR

 J.-E. SABINI.

PARIS,

BALLARD, RUE DES BONS-ENFANTS, 1.

1850

INTRODUCTION.

Le destin de l'humanité est-il livré à un aveugle hasard ? Par une unique et désolante exception, seule dans l'univers, est-elle privée de lois supérieures et dominantes pour régler ses mouvements et déterminer ses fins ? Bien attentif et dégagé de passions comme de préjugés, l'esprit humain ne peut-il apercevoir un port où l'humanité puisse trouver enfin le repos, après de si longs et de si cruels orages ? L'humanité est-elle donc à jamais destinée à ce désordre moral auquel elle est en proie, à ces guerres sanglantes que se font les Etats à leurs frontières, à ces combats fratricides et atroces que se livrent les citoyens au sein de leurs cités ?

Non ! la destinée humaine ne saurait être soumise à une aussi désespérante fatalité ! Je n'ai jamais pu adorer le hasard : je n'ai jamais pu rien concevoir sans lois et sans fin. L'humanité doit avoir ses fins et ses lois : il ne s'agit que de les découvrir.

Cet écrit a pour objet l'exposé des principes d'une nouvelle doctrine sociale. Un projet d'organisation sociale, pour justifier sa raison d'être, semblerait devoir être accompagné d'une critique de la société actuelle et d'une critique des diverses écoles socialistes qui se sont élevées pour la remplacer.

Je rejette du cadre de cet écrit cette double critique. Les chefs des diverses écoles socialistes ont eu eux-mêmes le soin de se démontrer réciproquement le défectueux ou l'impossible de leurs systèmes. Quant à la société actuelle, ses plaies sont étalées tous les jours, et ses vices ont été mis à nu d'une manière irréfutable par une foule d'écrivains distingués, et surtout par les novateurs socialistes. Aussi, en général, ne nie-t-on pas le mal ; seulement on regarde, et avec quelque raison, les remèdes qu'on propose plus malfaisants que le mal lui-même, et on désespère d'en trouver de meilleurs.

On reconnaît que la société actuelle est une maison défectueuse, mal établie, insuffisante pour le présent et pour l'avenir de l'humanité ; mais on ne veut pas l'abattre pour coucher en plein air, et sur ce point on a encore raison.

Le problème est donc tout entier dans la production d'une nouvelle organisation sociale destinée à remplacer l'organisation sociale existante.

Exposé concis, cet écrit est très-peu étendu relativement aux graves problèmes qu'il soulève et qu'il résout ; j'ose espérer cependant que la concision de l'exposition ne nuira en rien à la clarté et à la force de l'argumentation.

Comme vous voyez, ce sont des pages socialistes qui tombent sous vos yeux, lecteur. Mais la mauvaise foi et les passions des partis ont, dans ces derniers temps, tellement dénaturé ce mot *socialisme*, que pour beaucoup de personnes il est devenu synonyme de désordre, anarchie, mépris de la propriété et de la famille. Je suis socialiste dans l'acception naturelle et scientifique du mot et non dans le sens passionné que prêtent à ce mot les partis. Le socialisme pour moi n'est que l'étude de la réorganisation sociale, la société actuelle étant reconnue fausse dans ses bases. Le socialisme, tel que je l'entends, est caractérisé par des idées et non par des passions mauvaises, par des doctrines et non par des luttes violentes et à main armée.

Je vois autour de moi des souffrances profondes et imméritées. Ces souffrances, je les impute, non à la perversité des hommes, mais aux vices des choses et à une fausse organisation sociale. Je cherche et j'adopte toutes les réformes sociales propres à faire disparaître ces souffrances, sans porter atteinte en quoi que ce soit aux droits d'autrui. Je me plais à le déclarer, le droit m'est aussi cher que la souffrance m'est sacrée; la pitié des uns ne me mènera jamais à conclure à la spoliation des autres. Pour les uns comme pour les autres, je ne m'écarterai jamais des règles sévères de la justice. En fait d'organisation sociale qui se laisse aller aux entraînements des sentiments et de l'idéal, au lieu de se tenir dans les strictes limites du droit et du positif, forge de despotiques utopies, à son insu, d'une manière innocente et dans de louables intentions. Si je ne trouvais pas de moyens légitimes d'élever à l'aisance ceux qui souffrent et sont déshérités, plutôt que de consentir à détrôner le droit pour y mettre à la place la dictature de haillons, je leur dirais comme Malthus : Au banquet de la vie il n'y a pas de place pour vous, périssez!

Mais si je voue un respect religieux au droit, je voue également guerre et haine aux abus et aux priviléges déguisés ou patents, qui s'élèvent à côté et à la place du droit.

Dans cet écrit, bien loin de tenir un langage irritant et passionné, je me renferme dans une forme tout à fait didactique, et on n'y trouvera, je l'espère, qu'une calme et froide argumentation. Je cherche également à m'imposer toute la rigueur de la méthode analytique. Je dis les buts que je poursuis, les principes sur lesquels je m'appuie, les moyens que j'emploie; et je m'attache à faire ressortir les caractères de justice, d'utilité et de possibilité de ces buts, de ces principes et de ces moyens.

CANEVAS LOGIQUE DE CET ÉCRIT.

CONSIDÉRATIONS GÉNÉRALES.	**Axiomes résolutoires de la question de justice sociale,**	1º Chacun a un droit égal sur les biens naturels préexistants. 2º Chaque homme s'appartient et est libre de toute servitude envers les autres hommes. 3º Les hommes ont des capacités et des facultés inégales dont l'exercice amène légitimement des situations personnelles inégales.
	Axiomes résolutoires de la question de bien-être.	1º Possession de beaucoup de richesses matérielles. 2º Possession de beaucoup de richesses morales. 3º Acquisition de ces deux espèces de richesses par le moins de travail possible. 4º La sphère d'activité privée de l'individu aussi libre et aussi étendue que possible.
	Axiomes résol. de la quest. d'au torité sociale	1º Souveraineté du juste et de l'utile. 2º Pouvoir du peuple.
ORGANISATION SOCIALE.	**Gouvernement.**	1º Fonction législative. 2º Fonction exécutive. 3º Fonction judiciaire.
	Économie matérielle.	1º Multiplication des richesses matérielles. 2º Economie du travail employé à leur production. 3º Distribution de ces richesses suivant les droits de chacun.
	Économie morale	1º Propager les lumières. 2º Redresser et élever les mœurs.
	Système pénitencier.	1º Dans son effet moral, la punition doit tendre à améliorer l'homme et non à le pervertir, par un mauvais milieu et à le désespérer par la flétrissure et la dégradation. 2º Dans son effet matériel, elle doit être une peine improductive, pour le puni, mais la plus productive possible pour la société.

Que l'Etat n'est ni un étranger ni un intrus.

Le Socialisme d'aujourd'hui et le Socialisme de demain.

PREMIÈRE PARTIE.

Considérations Générales.

CHAPITRE PREMIER.

L'ÉTAT SOCIAL TIRE SA RAISON D'ÊTRE DE NOS BESOINS
ET REPOSE SUR UN CONTRAT.

Traitons les questions dans leur ordre de priorité. Lorsqu'on s'occupe de matière sociale, la première question qui se présente à l'esprit est celle-ci : Pourquoi y a-t-il une société? L'homme est libre de droit naturel; pourquoi se trouve-t-il en société ou est-il privé d'une partie de sa liberté?

La réponse à cette question ne saurait être ni longue ni difficile. L'homme, dans sa carrière humaine, se trouve constamment en contact avec deux mondes différents, qui sont le monde physique d'un côté et le monde humain ou ses semblables de l'autre. Ce contact étant forcé et de tous les instants, l'homme est amené à se préoccuper des conditions où ses rapports avec ces deux mondes sont le plus à son avantage et à sa satisfaction. Par sa nature et par la nature des deux mondes avec lesquels il se trouve en contact, l'homme ne peut déterminer les caractères de ces rapports que par les deux lois générales suivantes :

1º Sur le monde physique, qui n'a pas de droits, empire

et puissance, pour le rendre instrument passif du bien-être
et du bonheur humain ;

2o Avec le monde humain ou ses semblables, où les
droits de tous sont égaux, justice.

C'est son intérêt qui conduit l'homme à conclure à ces
deux lois générales. Il cherche le bien-être. Or, au premier
coup d'œil, il s'aperçoit qu'il ne peut trouver le bien-être
que dans la possession et l'usage des richesses que la nature renferme dans son sein; qu'on acquiert ces richesses
avec d'autant plus de facilités qu'on agit par association
de forces ; que la possession et l'usage des richesses ne sauraient avoir lieu qu'autant qu'on est à couvert des attaques
et des violences des autres hommes ; et que pour obtenir
des autres hommes le respect de ses biens et de sa personne, il faut qu'on s'engage à respecter les biens et la
personne d'autrui.

Il ne suffit pas d'apercevoir les conditions des meilleurs
rapports de l'homme avec les deux mondes qu'il a constamment devant lui, il faut aussi réaliser ces conditions et
la garantie de leur durée. Or, cela ne saurait avoir lieu
que par l'état social, c'est-à-dire en faisant des lois qui
règlent et garantissent les droits de chacun, et en établis-
sant une fonction publique pour punir quiconque méconn-
naît les droits d'autrui. En cherchant la satisfaction de ses
besoins, l'homme arrive donc, par calcul, à l'état social.

En entrant dans cet état, il renonce volontairement à la
liberté et à l'indépendance absolues qu'il tient de la nature,
mais qui le conduiraient à la servitude et à la misère, et ac-
cepte l'indépendance et la liberté relatives de la vie sociale,
qui lui assurent meilleure garantie de ses droits et meilleures
conditions de bien-être.

L'homme s'appartient et est libre de toute dépendance
ou servitude envers ses semblables.

En droit, ses semblables ne doivent ni ne peuvent disposer de lui sans lui. L'établissement de l'état social ne saura

donc avoir lieu que par le concours et l'assentiment de tous les hommes appelés à en faire partie, et repose conséquemment sur un contrat.

Ce que je dis ici ne s'applique nullement aux sociétés actuelles : je traite la question dans son droit et non dans son fait. Les sociétés actuelles, ainsi que toutes celles qui ont passé sur le monde, ont été engendrées dans la violence et ont grandi par la violence. L'homme n'y est pas engagé mais enrôlé; on dispose de lui sans lui. On comprime sa résistance ou sa révolte à des conditions sociales qu'il n'a pas acceptées et qu'il n'aurait pas acceptées s'il avait été consulté, mais qu'on lui a imposées, et qui nient ses droits ou sont impuissantes à les réaliser. Les sociétés qui se vantent d'être le plus avancées en civilisation ne sont qu'un vaste système d'exploitation de l'homme par l'homme ; celles qui sont le moins avancées sont des bagnes où l'homme y a beaucoup de travail, peu de pain et pas de droits.

Mais, dira-t-on, en théorie et en droit, la société, il est vrai, repose sur un contrat passé entre tous les citoyens, mais en pratique et en fait peut-il en être ainsi? faut-il attendre que l'homme soit majeur et capable de donner son adhésion aux clauses du contrat social pour le déclarer citoyen ? Il resterait sans défense et sans protection justement pendant le temps où il en a le plus besoin. Et d'un autre côté, comment pourriez-vous obtenir une adhésion de celui qui ne vient que de naître, puisqu'il n'a encore ni parole ni raison?

Dans le contrat social, il faut distinguer la forme de l'esprit et du fond. Quant aux formes, le contrat social est impraticable. Evidemment l'enfant qui vient de naître doit être aussi bien citoyen que l'homme qui est dans toute la vigueur de ses forces et de ses facultés, et cependant l'enfant n'est en état de rien accepter ni de rien refuser. Il est impossible de chercher et d'obtenir la manifestation ou l'expression matérielle de l'adhésion au contrat social.

Quant au fond et à l'esprit, rien ne s'oppose à ce que le

contrat social ait une exécution rigoureuse. Quel est l'esprit de ce contrat ? C'est de chercher, dans l'association,
plus de puissance pour asservir le monde physique et une
solide garantie du respect des droits de chacun dans les relations humaines.

Or, on peut être assuré, qu'arrivé à l'âge de raison, chacun approuvera l'esprit de ce contrat et ratifiera ce qu'on a
fait pour lui et sans lui, car en le mettant sous la tutelle sociale, on a protégé ses droits loin de les méconnaître, et on
lui a rendu l'immense service de lui faire partager les avantages et les biens de l'association. Aucune dissidence ne
saurait jamais s'élever sur l'esprit du contrat ; il peut y
avoir seulement des avis différents sur les questions secondaires de pratique et d'application ; et ces sortes de litiges
sont décidés par le jeu des majorités.

Je conviens cependant qu'il peut se trouver des individus
qui, cédant à un esprit d'opposition quand-même, au lieu
de reconnaître la situation de justice et de bien-être qui
leur est faite, repoussent systématiquement et la forme et
l'esprit de tout contrat social. Quelle conduite doit tenir la
société envers ces hommes-là ? La société peut faire de ces
hommes tout ce qu'elle veut ; elle a leur vie dans ses mains.
Elle peut les mettre à mort, soit indirectement, en interdisant à ses membres d'avoir aucune relation avec eux, et ils
périraient ainsi de misère ; soit directement, en les frappant par la force, parce que, ne voulant pas accepter le respect réciproque des droits, ni concourir à assurer le règne
de la justice, ils proclament le règne de la violence et n'ont
aucune objection à élever contre la violence qui les frappe.

Si le contrat social peut être exécuté dans son esprit,
qu'importe l'impraticabilité de ses formes ? Qu'importe la
manifestation écrite ou parlée d'une adhésion, si on a la
certitude que cette adhésion existe virtuellement et ne peut
manquer d'exister ? Qu'importe le manque de la forme matérielle, quand existent la réalité et le fond moral ?

CHAPITRE II.

Nous venons de voir que l'état social naît des besoins de l'homme, et qu'en droit il repose sur un contrat. Avant de nous livrer à aucune organisation, il importe d'explorer, d'une manière générale, le domaine social ; de signaler les principales lois qui doivent faire la base de l'édifice et qui doivent le supporter. Je parlerai dans ce chapitre des principales lois de justice sociale.

J'en invoque trois fondamentales, qui, par leur évidente vérité, peuvent être considérées comme axiomes ; ce sont :

1º *Chacun a un droit égal sur les biens naturels préexistants.*

2º *Chaque homme s'appartient et est libre de toute servitude envers les autres hommes.*

3º *Les hommes ont des facultés et des capacités inégales dont l'exercice amène légitimement, dans la société, des situations personnelles inégales.*

Il y a lieu de faire deux catégories des biens matériels de ce monde :

1º Les biens naturels préexistants, tels que terre, eau, air, avec leurs productions spontanées.

2º Les biens industriels créés par le travail humain, tels que modifications utiles du fond, instruments d'industrie et produits de toute espèce.

Les biens de la première catégorie appartiennent à tous.

En droit, nul ne saurait s'en attribuer la possession à l'exclusion des autres. Il ne saurait faire valoir aucun titre ; il ne pourrait s'appuyer que sur la force. Affirmer que les biens naturels préexistants peuvent appartenir à un certain nombre d'individus, à l'exclusion des autres, c'est affirmer que ce certain nombre d'individus peut faire périr, quand bon lui semble, le reste des hommes, parce que l'homme ne saurait vivre sans l'usage de la terre, de l'eau, de l'air et de leurs productions spontanées. Reconnaître la propriété de ces biens à ce nombre d'hommes, c'est leur reconnaître le droit de les interdire aux autres ; c'est leur reconnaître le droit de vie et de mort sur les autres ; car chacun a le droit de disposer comme bon lui semble de sa propriété.

Les biens de la seconde catégorie appartiennent, au contraire, sans contestation aucune, à ceux qui les ont produits par leur travail ou à ceux qui en sont détenteurs par une libre et volontaire donation des producteurs.

En théorie, voilà deux catégories de biens fort distinctes et de nature entièrement différente. Mais, en fait, ces biens si différents se confondent. Comment un individu pourrait-il être propriétaire de toutes les modifications, de toutes les améliorations qu'a subies un fond par suite du travail humain, ainsi que des produits résultant de ce même travail, si le fond appartient à tous? Evidemment le premier venu, sous prétexte qu'il travaille sur un bien qui lui appartient autant qu'aux autres, pourrait ainsi détruire ces améliorations, s'approprier ou gaspiller ces produits. Dans cette situation, nul ne voudrait ni défricher ni améliorer un champ, et aucun progrès industriel ne saurait avoir lieu. L'impossibilité où l'on s'est trouvé de concilier, dans cette question, le droit avec le fait, a amené les hommes à méconnaître et à nier le droit de jouissance qu'a chacun sur les biens naturels, et à abandonner la propriété du fond au premier qui s'en est emparé et qui l'a amélioré.

Je reconnais que la confiscation des biens naturels communs est le résultat d'une nécessité et non d'une spoliation délibérée. Aussi je n'accuse point et je me borne seulement à faire remarquer aux possesseurs des richessses de ce monde que nécessité n'est pas précisément justice ; que la propriété des biens naturels que chaque créature humaine tient de Dieu est aussi sacrée que celle qu'ils tiennent de leur travail ou de leurs parents ; que la propriété acquise par le travail ne doit pas plus absorber la propriété naturelle, que la propriété naturelle ne doit absorber la propriété acquise par le travail ; que le famélique prolétaire, dont les souffrances sont horribles, et qui ne trouve plus ni à vivre en travaillant, ni où reposer sa tête, est fondé dans ses réclamations contre l'ordre social actuel.

Il me suffit de faire ici la distinction de ces deux espèces de propriétés et de reconnaître qu'une de ces propriétés est méconnue et violée. Régler la jouissance de ces deux espèces de propriétés, de manière à satisfaire les droits de chacun, sera un des problèmes résolus dans l'organisation que je décris.

Chaque homme s'appartient et est libre de toute servitude envers les autres hommes.

Il suffit d'énoncer une pareille proposition pour reconnaître qu'elle est vraie et juste. Aussi je ne lui donne aucun développement, et je l'ai seulement posée pour rappeler que tout individu a droit de concourir aux règlements des affaires sociales, et que l'incapacité politique que l'on fait peser sur telles classes d'un peuple, sauf la classe criminelle, n'est en principe et en fait qu'une oppression. Une autre oppression des uns par les autres existe dans l'ordre économique. Cette oppression est déguisée et n'a pas lieu, il faut le dire, par le vice ou la violence des hommes, mais uniquement par le fait d'une fausse organisation sociale ; c'est l'oppression de l'homme à travail par l'homme à capital; oppression qu'on a caractérisée d'*exploitation de l'homme par l'homme.*

Je ne pense pas non plus qu'il soit nécessaire d'ajouter un seul mot en vue d'élucider cette autre proposition : *Les hommes ont des capacités et des facultés inégales, dont l'exercice amène légitimement dans la société des situations personnelles inégales.*

La conséquence générale de cette proposition est la négation de tout communisme et l'affirmation de la légitimité d'inégales consommations et d'inégales jouissances dans ce monde. A des mises inégales l'association donne des dividendes inégaux et proportionnels aux mises ; à des mises inégales, le communisme donne des dividendes égaux.

M. Louis-Blanc pose comme principe de répartition la formule suivante ;

Que chacun produise selon ses aptitudes et ses forces, que chacun consomme suivant ses besoins.

M. Louis Blanc tombe là dans une erreur profonde. Il met la fraternité sur le trône de la justice ; il veut établir une société sur l'amour, au lieu de l'établir sur le droit. La fraternité et la justice sont deux déesses qui ont chacune un empire distinct dans ce monde. La Fraternité est la déesse de la famille, de l'amitié dévouée, et a pour principe l'*amour ;* la Justice est la déesse de la société et a pour principe le droit. M. Louis Blanc veut calquer la société sur la famille, qui est le régime du communisme dans son beau idéal, et où chacun, en effet, produit selon ses aptitudes et ses forces et consomme suivant ses besoins. Il ne fait pas attention que la famille est une agglomération naturelle, établie sur des affections, tandis que la société est une agglomération artificielle, établie sur des intérêts et sur des droits. On ne peut demander des effets égaux qu'à des causes égales. La communauté belle et sainte de la famille est un effet qui a pour cause les affections puissantes, les sentiments dévoués des membres qui la composent. Quand

M. Louis Blanc aura soufflé dans le cœur de tous les hommes indistinctement des affections aussi énergiques, des sentiments aussi dévoués que ceux que la nature a jetés dans le cœur des pères, des mères, des frères, des sœurs, des maris, des épouses et des enfants, alors, mais alors seulement, la société fraternelle qu'il demande sera logique et possible. Quand, au lieu de l'amour, c'est la loi qui fait le communisme, ce communisme, loin d'être beau et saint comme celui de la famille, n'est que despotisme et spoliation légale.

Je crois que le seul degré de communisme et de fraternité légale que les sentiments d'amour et d'humanité de la généralité des hommes comportent dans la distribution de la société, c'est d'assurer une existence convenable à toutes les impuissances.

CHAPITRE III.

Le bien-être entendu comme il doit l'être ne saurait exister pour l'homme qu'aux quatre conditions suivantes :

1º *Possession de beaucoup de richesses matérielles ;*

2º *Possession de beaucoup de richesses morales;*

3º *Acquisition de ces deux espèces de richesses aux prix du moins de travail possible;*

4º *Sphère d'activité privée de l'individu aussi libre et aussi étendue que possible.*

Dans l'usage des richesses matérielles, l'homme trouve la satisfaction de ses besoins physiques. En s'entourant et en se parant de leur éclat et de leur luxe, il trouve même un agrément moral.

Les richesses morales, l'homme les trouve dans l'éducation soignée et étendue qu'on lui donne, et dans les études postérieures auxquelles il se voue volontairement. Par là l'horizon de son intelligence s'agrandit, ses idées s'élèvent, ses sentiments s'épurent et s'anoblissent, ses relations deviennent agréables, ses manières douces et polies; enfin il acquiert une puissance énorme sur la nature et s'élève à une hauteur incommensurable au-dessus d'elle.

Mais pour acquérir ces deux espèces de richesses il faut

le travail : travail physique et travail intellectuel; et tout
travail est une peine. Diminuer donc le travail à dépenser
pour l'acquisition de ces richesses et rendre les conditions
de ce travail moins pénibles, c'est épargner de la peine,
c'est accroître le bien-être.

L'homme en entrant dans la société ne s'engage pas tout
entier, il ne fait pas abandon de toute sa liberté ; il n'engage de lui-même et de sa liberté que la portion afférente
au but social et aux moyens de l'atteindre. En dehors de ce
but et de ces moyens, il doit rester entièrement libre, entièrement indépendant ; il doit disposer de lui-même comme
bon lui semble.

Dans l'organisation sociale, il est important que les hommes ne s'imposent pas réciproquement des obligations qui
ne seraient compensées par des avantages réels. La liberté
est un des plus énergiques besoins de l'homme, et s'en priver gratuitement, c'est faire acte d'insensé. Si l'état social
est nécessaire à l'homme, et si des obligations ou l'abandon
d'une partie de sa liberté sont nécessaires à l'état social,
l'homme ne sent pas moins le besoin d'une sphère d'activité libre ; et rétrécir inconsidérément cette sphère, c'est
le priver gratuitement d'un véritable bien. L'homme doit
avoir deux sphères d'activité bien reconnues, également
respectées : une sphère d'activité sociale, où il est partie
et organe d'un tout, où il agit en subordonné ; et une
sphère d'activité privée, où il ne relève que de lui-même,
et où il agit d'une manière indépendante.

Pour que l'ordre véritable règne, aucune de ces deux
sphères d'activité ne doit jamais être étendue au détriment
de l'autre. La ligne de démarcation entre les deux sphères
d'activité est là ou l'obligation sociale qu'on contracte ne
rapporte aucun avantage, ou ne rapporte pas un avantage
équivalent à la contrainte qu'elle impose. Plus on parvient à
étendre la sphère d'activité libre de l'individu sans porter
atteinte aux conditions de l'existence sociale, plus on donne

de bien-être à l'homme, parce que, en étendant sa sphère d'action libre et privée, on diminue d'autant ses obligations et ses servitudes sociales.

Ce sont ces quatre conditions générales de bien-être que je vais chercher à organiser dans cet écrit.

CHAPITRE IV.

AXIOMES RÉSOLUTOIRES DE LA QUESTION D'AUTORITÉ SOCIALE.

Qui dit société dit organisation, qui dit organisation dit puissance et direction en haut et subordination en bas. Mais l'homme est un être intelligent et raisonnable, et la puissance qui doit lui commander est tenue de se présenter à lui légitime et sans aucun caractère de despotisme ou de violence, sous peine de résistance et de désordre.

L'idéal de l'autorité sociale emporte le double caractère de légitimité et de force. La légitimité régit le monde moral, et la force régit le monde physique.

L'autorité sociale qui me paraît le plus approcher de cet idéal est celle qui serait constituée sur les trois principes suivants :

1º Souveraineté du juste et de l'utile ;

2º Pouvoir du peuple (universalité des citoyens) ;

3º Régime des majorités.

En droit, avons-nous dit, la société est basée sur un contrat passé entre tous les citoyens, en vue de l'augmentation de leur bien-être et de la garantie de leurs droits.

Le pouvoir social doit donc être dans les mains de tous les citoyens, parce que tout citoyen doit concourir au règlement des affaires où sont engagés ses intérêts et ses droits.

D'un autre côté, pourquoi une classe ou des classes de citoyens régleraient-elles les affaires publiques à l'exclusion des autres classes, puisque leurs droits sur ce point sont identiques ? Évidemment il y aurait là privilége et despotisme des uns et oppression des autres. Un pouvoir social qui réside uniquement dans un homme ou dans certaines classes est un pouvoir qui peut se faire subir, soit que les classe opprimées ne possèdent pas la force matérielle néeessaire pour résister, soit qu'elles n'aient pas la conscience de la servitude qu'elles subissent ; mais dans tous les cas, en principe comme en fait, c'est là un pouvoir violent et illégitime. Qui s'attribue le droit de régler et de gérer les affaires des autres, à l'exclusion des intéressés, est un oppreseur et les exploite ; qui est exclu de la surveillance et du contrôle de ses propres affaires est un opprimé et un exploité.

Il n'y a que l'incapacité intellectuelle et la perversité morale qui doivent être exclues, l'une comme incapable, l'autre comme ennemie et indigne, du droit de suffrage dans le règlement des affaires publiques. L'incapacité intellectuelle se trouve chez les mineurs et les aliénés ; la perversité morale se trouve chez les criminels.

La criminalité a plusieurs degrés qu'il est très-juste de distinguer et de traiter respectivement, quant à l'exclusion du droit de suffrage, dans la mesure de la culpabilité morale qu'ils dénotent chez l'individu. Relativement au droit de suffrage, j'établis dans la criminalité trois degrés ·

1º Le degré de criminalité consistant dans des contraventions et des délits qui n'emportent aucun caractère grave d'immoralité ou de perversité, et qui n'accusent que la faiblesse et l'imperfection de la nature humaine. Aux individus de ce degré de criminalité, il convient de leur laisser tout entier leur droit de suffrange ;

2º Le degré de criminalité où dans l'acte de l'individu il y a immoralité et perversité incontestables , mais où l'on peut espérer que ce n'est qu'une chute isolée, qu'un fait particulier dans la vie, que l'égarement du moment ; qu'en dehors de ce fait et après l'expiation, l'individu sera encore bon citoyen. Aux individus de ce degré, il convient de ne leur retirer le droit de suffrage, dans le règlement des affaires publiques, que pendant la durée de l'expiation de leur faute ;

3° Le degré de criminalité où l'on reconnaît chez l'individu un système de conduite totalement mauvais et sans espoir de l'améliorer; où l'on reconnaît une immoralité et une perversité aussi profondes qu'incorrigibles.

Dans ce cas, on ne blesse nullement l'équité en frappant l'individu de mort civile, et en lui enlevant tout droit de suffrage. La société ne fait que se défendre contre un ennemi dangereux et irréconciliable.

Il faut être extrêmement réservé et n'obéir qu'à des motifs impérieux pour enlever à des citoyens leur droit de suffrage. L'individu qui, dans la société, est exclu du règlement des affaires publiques n'est plus le pair des autres, il n'est plus un citoyen; il n'est qu'un esclave et un paria. Il n'exécute plus les obligations qu'il a librement contractées ; il subit les lois et les conditions que la force lui impose. Or, de la part de la société, le régime permanent de la force n'est légitime que contre ceux qui se mettent en révolte permanente contre les lois morales et sociales.

Telles ne sont pas, sans doute, les notions de justice et les principes politiques de nos hommes d'Etat. Une loi électorale qu'il ont récemment votée n'a pas seulement enlevé le droit de suffrage à toute espèce de criminalité sans distinction de degrés, sans discernement de la véritable culpabilité morale de l'individu; mais elle a encore expulsé de la cité des millions d'hommes qui ne sont coupables que d'être démesurément malheureux, peut-être trop injustement malheureux au sein de notre société.

Un homme, le plus éminent du soi-disant parti de l'ordre,

du haut de la tribune française, en même temps qu'il demandait l'expulsion de la cité de ces millions de citoyens, leur a jeté à la face l'insultante qualification de *vile multitude*. C'est là une vile parole d'un homme sans cœur, et celui qui l'a prononcée se fait étrangement illusion en se croyant homme d'ordre et homme d'État.

Mais si le pouvoir social doit résider uniquement dans le peuple ou l'universalité des citoyens, ce pouvoir est-il absolu? Le peuple peut-il tout faire? En fait et légalement, oui; en droit et moralement, non. En fait et légalement, le pouvoir du peuple est absolu; ses décisions justes ou injustes, utiles ou désastreuses sont sans appel, et tout citoyen est tenu de s'y soumettre quant à leur application matérielle. Si on ne voulait pas s'y soumettre, à quel autre pouvoir en appeler? Il n'y a pas de pouvoir au-dessus du pouvoir du peuple ou de tous. Il n'y aurait qu'à faire appel à la révolte. Mais faire appel à la révolte, c'est en principe proclamer la dissolution de la société, et se jeter dans le règne de la force et de la violence. La première clause du contrat social pour que la société puisse exister, est nécessairement celle-ci: que chacun est tenu de se soumettre, quelles que soient ses vues et ses appréciations personnelles, aux décisions prononcées par tous ou par le pouvoir social. En violant cette clause, en faisant appel à la révolte contre une décision de l'autorité sociale on déchire le pacte fondamental sur lequel repose l'existence de la société.

Si, en fait et légalement, le pouvoir du peuple est absolu et sans appel, s'il ne souffre aucune résistance matérielle à ses actes, en droit et moralement, il ne jouit pas de la même puissance absolue ni de la même inviolabilité. En droit et moralement, il ne peut pas faire quelque chose qui manque de justice et d'utilité. Le but de la société étant la garantie des droits et la recherche du bien-être des associés, au-dessus du pouvoir du peuple se trouve la souveraineté du juste et de l'utile. Si le pouvoir social méconnaît ou viole cette souveraineté, je le répète, aucune résistance matérielle ne peut lui être faite, mais chacun est en droit de l'attaquer moralement et de lui faire, à outrance, une guerre d'idées et de raison.

Il n'arrive jamais, ou il arrive très-rarement, que tous les hommes se trouvent du même avis sur la même question. C'est ce qui nécessite le régime des majorités dans l'exercice du pouvoir. Lorsque, dans une assemblée délibérante, plusieurs avis se produisent sur une question, on convient de prendre pour l'avis général l'avis de la majorité, et cet avis a force de loi pour tous. Chaque dissident a le droit de le critiquer et de le désapprouver, mais chacun doit lui reconnaître pleine autorité légale et s'y soumettre quant à son application.

En résumé, le pouvoir social appartient au peuple ou à l'ensemble des citoyens ; l'exercice de ce pouvoir est réglé par le jeu des majorités ; ce pouvoir est absolu en fait et légalement, et tenu, en droit et moralement, à n'exécuter que de choses justes et utiles. Quoi que le pouvoir social décide, on ne doit lui faire et il ne doit souffrir aucune résistance matérielle, mais il doit accepter et souffrir la résistance morale, la lutte des idées, sans y répondre par la persécution. De cette manière, à des luttes sanglantes et généralement sans résultats, on substitue les luttes parlementaires, les débats publics et les décisions pacifiques du scrutin.

J'ai dit qu'en aucun cas nul n'est en droit d'opposer une résistance matérielle au pouvoir social, mais je dois dire aussi que je ne reconnais comme légitime et comme méritant cette soumission absolue qu'un seul pouvoir social : c'est le pouvoir du peuple ou de l'ensemble des citoyens s'exprimant par le suffrage universel. Tout pouvoir qui ne procède pas directement ou indirectement de la volonté publique est un pouvoir illégitime et usurpateur, auquel on ne doit aucune obéissance. Nul, homme ou classes, n'a le droit d'ériger sa volonté personnelle en pouvoir public. C'est la volonté générale qui doit faire la loi aux volontés particulières, et non les volontés particulières qui doivent faire la loi à la volonté générale. Quels droits ont-ils au gouvernement des peuples, ces rois et ces classes privilégiées? Aucun. Les valets règnent sur les maîtres, voilà tout. Contre de pareils pouvoirs, la révolte et la guerre ouverte ne sont pas seulement un droit, elles sont encore un devoir. Il n'y a que deux choses dont il faut se préoccuper : le moment et les moyens.

A vrai dire, je n'ai avancé ici aucune idée nouvelle de l'autorité sociale. Sauf la définition, la manière analysée dont je l'ai exposée et une application plus réelle que j'en vais indiquer, c'est là l'autorité sociale proclamée par l'esprit moderne, sous cette dénomination concise de *souveraineté du peuple*.

La France, qui, dans le mouvement social, forme la tête de colonne de l'humanité, a irrévocablement condamné l'autorité du droit divin et proclamé le principe de la souveraineté du peuple. Les royalistes eux-mêmes, ne plaident plus en faveur du droit divin, et ne nient point la souveraineté du peuple; cependant ils veulent une royauté de droit, qui ne procède pas du droit divin et qui ne tombe pas sans la souveraineté du peuple.

Ils veulent quelque chose comme un cercle-carré politique.

Le principe de la souveraineté ou du pouvoir du peuple admis, chacun, royaliste, républicain, ou socialiste, est obligé d'en admettre les conséquences. Pour moi, qui ne suis pas royaliste, je respecte, j'adopte et je déclare légitime toute royauté établie et maintenue par la volonté générale. Mais les royalistes veulent-ils sincèrement le règne du principe de la souveraineté du peuple? Non. Ils admettent le principe, parce que sa vérité est éclatante, mais, sous de spécieux prétextes, ils veulent en éluder l'application. Ils confessent le droit, mais ils ne veulent pas du fait. Qu'aujourd'hui la souveraineté populaire et le suffrage universel proclament la royauté, ils applaudiront et béniront le suffrage universel et la volonté populaire ; mais demain ils ne voudront pas reconnaître la même légitimité et prêter la même soumission à un autre acte de cette souveraineté, qui, désabusée ou mieux avisée, renverra la royauté. Ou plutôt, pour éluder une si flagrante contradiction et pour avoir le bénéfice du fait sans avoir l'air de nier le droit, on ne voudra pas, sous prétexte de stabilité, que la royauté une fois établie puisse, plus tard, être mise en question, et que son existence puisse être livrée au jugement du suffrage universel. Mais la souveraineté du peuple est inaliénable et imprescriptible. L'aliénation de la souveraineté du peuple par une majorité serait un acte insensé et coupable en fait, et un acte impossible en droit.

Ce serait un acte insensé et coupable en fait. Quel est le but de l'état social ? C'est d'assurer les droits et de servir les intérêts de tous par une action collective et concertée. Quelle est la mission de la majorité ? C'est de faire au nom de tous les actes et les lois nécessaires pour atteindre d'une manière pratique et positive ce but. Que fait une majorité qui aliène la souveraineté du peuple? En principe, elle déclare que les citoyens n'ont plus de droits, et que leurs intérêts seront livrés au bon plaisir de celui ou de ceux auxquels elle abandonne sans réserve le pouvoir social : elle proclame l'esclavage de la société qu'elle devait régir.

Ce serait un acte impossible en droit. Une majorité, — et je parle ici d'une majorité du peuple et non d'une majorité quelconque de ses délégations, — une majorité règne en souveraine absolue sur la société, c'est incontestable. Mais dans le temps, quelle est l'étendue de son règne ? En d'autres termes, quelle est l'étendue de son pouvoir? Je prétends que son règne ou son pouvoir ne s'étend qu'au présent : le passé et l'avenir ne sont pas de son domaine. Evidemment personne ne songera à attribuer à une majorité un pouvoir sur le passé : le passé lui a échappé ; le passé est accompli , et elle ne peut pas faire que ce qui est accompli ne soit pas accompli. Mais, au premier abord, on trouvera paradoxale cette autre affirmation, à savoir : qu'une majorité ne peut et ne doit disposer de l'avenir.

Personne ne saurait contester qu'il y a un mouvement et un renouvellement continuels dans les éléments de la majorité du peuple, qui peuvent la changer et la déplacer à chaque instant. Un électeur qui meurt peut changer la majorité. Un homme qui atteint l'âge légal pour voter peut changer la majorité. Un électeur qui change d'opinion peut changer la majorité. Un électeur qui, par une raison quelconque n'a pas voté avant et est prêt à voter après, peut changer la majorité. Rigoureusement parlant, par suite de ces diverses circonstances, la majorité peut donc avoir changé le lendemain, une heure après. Mais si la majorité a changé, à qui appartient le gouvernement de ce lendemain ou de cette heure après ? Evidemment à la nouvelle majorité ; et du moment que cette nouvelle majorité a paru, le pouvoir de la majorité précédente a cessé. Ainsi, en toute rigueur et en tout droit, on peut dire que le gouvernement du moment appartient à la majorité du moment. Une majorité ne peut donc aliéner la souveraineté du peuple et disposer de l'avenir que par une violation flagrante de la loi des majorités ; car admettez qu'une majorité aliène aujourd'hui la souveraineté du peuple, et que demain, dans un an, dans dix ans, une nouvelle majorité, voulant le règne de la souveraineté du peuple, existe, cette nouvelle majorité n'aura ni manifestation ni expression légale, j'en conviens, mais le manque de manifestation n'infirme en rien la réalité de l'existence ; le défaut de forme n'anéantit point le fond. Eh bien! je le demande, si demain, dans un an, dans dix ans, une nouvelle majorité voulant le règne de la souveraineté du peuple existe, d'après le principe des majorités, n'est-ce pas l'avis et la volonté de cette nouvelle majorité qui devraient faire loi ? La majorité précédente n'a-t-elle pas outrepassé ses pouvoirs et usurpé en empêchant qu'il n'en soit ainsi et en interdisant le règne des majorités suivantes ?

Au surplus, si, malgré la folie du fait et la violation du droit, une pareille aliénation avait lieu, on pourrait, sans être en contradiction avec le principe de la souveraineté du peuple, ou plutôt en vertu de ce principe, contester le pouvoir aux légataires, rois ou classes, de la majorité suicidée. Ils ne pourront prétendre régner qu'en vertu de deux principes, le principe du droit divin ou le principe de la souveraineté du peuple. On a renoncé au droit divin ; probablement on ne songera pas à y revenir. On prétendra donc régner en vertu du principe de la souveraineté du peuple. Mais régner en vertu du principe de la souveraineté du peuple, c'est régner par l'assentiment de la majorité des citoyens. Ils diront que c'est par l'assentiment de la majorité des citoyens de telle ou telle époque, qui leur a cédé le pouvoir, qu'ils règnent. On leur répondra que c'est par l'assentiment de la majorité des citoyens actuelle qu'ils doivent régner ; que le principe de la souveraineté du peuple ne s'entend et ne s'applique qu'ainsi ; que s'ils règnent autrement, ils règnent par despotisme, et la révolte contre eux est légitime.

Lorsque j'ai dit qu'une majorité ne pouvait pas disposer de l'avenir, cet avenir fût-il le lendemain, une heure après, je n'ai pas prétendu qu'elle ne pouvait pas s'occuper de l'avenir. Elle peut et doit au contraire s'en occuper, mais sous cette réserve tacite, que ce qu'elle fait n'est durable et valable que par l'approbation des majorités suivantes, et qu'une nouvelle majorité, de quelque près qu'elle suive, a droit et pouvoir de tout modifier et de tout défaire.

On dit qu'il n'y aurait pas de stabilité, si l'on pouvait

mettre en question le lendemain ce qui a été fait la veille : je crois, moi, qu'on n'est jamais plus stable et plus solide que lorsqu'on est carrément assis sur le droit; que la stabilité doit consister dans un scrupuleux respect des principes vrais et dans leur application sincère. Agir autrement, c'est prendre pour stabilité l'inertie et la mort, et prendre pour anarchie le mouvement et la vie.

Organe d'une fraction du parti légitimiste, M. de Larochejaquelein, à la loyauté et au caractère élevé duquel je me plais à rendre justice, demande l'appel à la nation, pour savoir si elle veut la royauté ou la République. Il serait à désirer que M. de Larochejaquelein et la fraction du parti légitimiste qu'il représente à la chambre disent au pays, si, dans le cas où la nation appellerait Henri V sur le trône, ils la croiraient encore souveraine et lui assureraient un pouvoir légal pour détrôner Henri V et renvoyer la royauté quand bon lui semblerait. Dans le cas d'une réponse affirmative, la demande de M. de Larochejaquelein est pleine de justice et basée sur les véritables principes politiques. Aucune majorité du peuple, et encore moins la majorité d'une Assemblée constituante, qui n'est qu'une délégation de la majorité, ne peuvent détrôner la nation et lui dire : Pendant tel nombre d'années tu n'auras plus aucune souveraineté de fait; ta volonté ne pourra plus être ni interrogée ni exprimée. La nation doit rester au-dessus de tout et doit pouvoir légalement et constitutionnellement intervenir en chaque circonstance et à chaque instant. Si la proposition de M. de Larochejaquelein est inconstitutionnelle, c'est que la Constitution est, en ce point, en dehors de toute justice et de toute saine raison politique. Dans le cas d'une réponse négative, la proposition de M. de Larochejaquelein n'est qu'un guet-apens tendu à la souveraineté du peuple. Tout en ayant l'air de lui rendre hommage, elle l'attire dans un fourré pour l'assassiner. La nation sera souveraine pour se donner un roi, mais sa souveraineté expirera dans l'accomplissement de cet acte, car elle ne sera plus souveraine pour détrôner ce roi, si elle juge que la royauté ne répond pas à ses espérances (1). (2).

(1) Pour me conformer à la dénomination reçue, dans le cours de cette discussion, j'ai dit *souveraineté du peuple*, au lieu de *pouvoir du peuple*, qu'il aurait été plus logique de dire J'ai établi que si le peuple est tout puissant en fait, il n'est pas tout puissant en droit, et qu'au-dessus de son pouvoir, il y a la souveraineté du juste et de l'utile, devant laquelle sa toute-puissance de fait doit s'incliner.

(2 Ces pages étaient écrites avant que M. de Larochejacquelein eut déclaré que sa question de l'appel au peuple était un moyen et non une doctrine, et que les droits de Henri V sont indépendants de la souveraineté du peuple.

DEUXIÈME PARTIE.

Organisation sociale.

CHAPITRE V.

POUVOIR SOCIAL ET GOUVERNEMENT.

On attache généralement la même idée aux mots pouvoir et gouvernement. Ces deux mots expriment dans cet écrit deux idées fort distinctes. J'appelle pouvoir social celui qui réside dans la volonté générale, dans la souveraineté du peuple, et j'appelle gouvernement la délégation de ce pouvoir, quelle que soit la forme de cette délégation, destinée à gérer la chose publique au nom et avec l'autorité du pouvoir social. Deux questions feront le sujet de ce chapitre.

1º *L'organisation du pouvoir social;*

2º *L'organisation de sa délégation ou du gouvernement.*

Il ne suffit pas qu'une vérité soit seulement une vérité théorique, il faut encore qu'elle soit une vérité pratique,

c'est-à-dire organisée de manière à pouvoir se manifester
sensiblement. Le pouvoir social réside dans la volonté générale ; voilà une vérité théorique. Mais de quelle utilité
cette vérité serait-elle dans la vie sociale des peuples si elle
n'existait qu'à l'état virtuel qu'en principe sans pratique et
sans manifestation aucune ?

En France on croit avoir donné une complète réalité
pratique au principe de la souveraineté du peuple par l'application du suffrage universel à la nomination périodique
du gouvernement. Rien n'est plus illusoire et moins fondé. Ainsi organisé, le pouvoir social a un jour de vie et
des années de sommeil et d'impuissance.

En effet si le gouvernement, président de la République
et Assemblée nationale, a été nommé aujourd'hui, que
peut demain et pendant quatre années, le pouvoir social ou
la volonté générale pour punir les prévarications, redresser
les fausses tendances, arrêter les bévues de ce gouvernement ? Rien. Tout un peuple, en principe maître de ses
destinées, verra au grand jour sa volonté méconnue, son
honneur blessé, ses intérêts compromis, par le fait de
quelques individus coupables ou incapables et il n'y pourra
rien. Indigné et frémissant, il sera obligé de voir les faits
s'accomplir. Pourquoi cela ? Parce que le pouvoir social est
mal organisé ; parce que, légalement et sensiblement, ce
pouvoir n'a pas d'existence du jour de l'élection du gouvernement jusqu'à son renouvellement à une époque déterminée. C'est là un vice et un vice radical dont les conséquences sont funestes. Le pouvoir social ne doit jamais
être mort ; au contraire, il doit toujours vivre et veiller. Son
action doit pouvoir se manifester et maîtriser efficacement
le gouvernement à chaque instant. Ce n'est que de cette
manière que les actes du gouvernement seront sensé
être et seront réellement les actes de la société elle-
même ; car pouvant en chaque circonstance manifester sa

volonté, la société adopte et reconnaît siens tous les actes du gouvernement qu'elle laisse s'accomplir.

Un pouvoir social organisé de manière à avoir une existence légale et active de tous les instants, n'aurait pas seulement pour effet de préserver la société contre les conséquences des prévarications ou des bévues des gouvernements, mais il aurait encore la vertu de rendre ce gouvernement lui-même respectable à tous, dans son existence et dans ses actes, par cela seul que le silence du pouvoir social devant ces actes et cette existence équivaudrait à un assentiment formel. Il aurait la vertu plus féconde encore de mettre un terme à ces luttes menaçantes et trop souvent sanglantes des partis, au sein de la société. Chaque parti, que le mobile de ses actes soit une conviction ou un égoïsme, n'écrit pas moins sur son drapeau que ce qu'il veut c'est la nation entière qui le veut, et que le parti qu'il combat n'a jamais eu ou n'a plus pour lui l'assentiment général. Constituer un pareil pouvoir, c'est mettre tout parti dans l'impossibilité d'élever un pareil drapeau, et, conséquemment, de provoquer au sein de la société aucune lutte sourde ou patente.

Mais, sortant enfin des considérations générales, comment organiser le pouvoir social qui réside dans la majorité de la nation, de manière à être au-dessus, au lieu d'être au-dessous, du gouvernement, de manière à avoir une vie réelle et sensible de tous les instants, de manière à pouvoir se faire entendre et obéir quand il le veut? Rien de plus simple, ce me semble. Les données organiques suivantes, que je mets sous la forme de projet d'organisation suffiront pour convaincre de cette vérité.

CONSTITUTION DU POUVOIR SOCIAL.

Art. 1er Il est établi, dans chaque commune, un conseil électoral permanent.

Art. 2. Ce conseil électoral est élu au suffrage universel et pour six mois.

Art. 3. A l'expiration des six mois le conseil électoral est renouvelé. Tous les membres sont rééligibles.

Art. 4. Le gouvernement ne doit intervenir ni directement ni indirectement dans les opérations électorales de la commune. La direction et la police de ces opérations appartiennent au conseil électoral.

Art. 5. Quand les conseils électoraux jugeront que le gouvernement compromet d'une manière grave l'honneur et les intérêts de la société, et qu'il est urgent de l'arrêter dans cette voie, avant d'attendre les faits accomplis, ils pourront et devront faire appel au suffrage universel.

Art. 6. Quelque soit l'avis personnel du conseil électoral sur un acte du gouvernement ou sur une toute autre question, il est tenu de se prononcer pour l'appel au suffrage universel, si par voie de pétition la majorité absolue des électeurs de la commune demande cet appel.

Art. 7. L'acte de pétition des citoyens au conseil électoral devenant un acte politique important, cet acte sera revêtu des formalités légales nécessaires pour assurer l'exercice du droit et pour rendre impossible tout abus de nature à augmenter ou diminuer frauduleusement le nombre des pétitionnaires.

Art. 8. L'appel au suffrage universel, au pouvoir social n'est fait que sur l'avis de la majorité absolue des conseils électoraux.

Ar. 9. C'est cette même majorité qui fixe le jour du vote et qui pose et précise les questions sur lesquelles doit répondre le suffrage universel.

Art. 10. Les conseils électoraux correspondent entre eux et se communiquent leurs propositions et leurs décisions au moyen d'un journal officiel spécialement destiné à leur service.

Art. 11. Aucune polémique ou conflit de pouvoir de doi-

vent s'élever entre le gouvernement et les conseils électoraux. Les conseils électoraux par eux-mêmes n'ont aucune qualité pour arrêter ou modifier les actes du gouvernement. Leur seule mission est de porter les actes du gouvernement devant le suffrage universel quand ils le jugent
nécessaire.

Les dispositions organiques qui précèdent suffisent pour
faire comprendre combien est simple et facile l'établissement d'un pouvoir social, actif et permanent.

Il n'y a qu'un pouvoir social de cette nature qui puisse
aujourd'hui préserver la France des désastres économiques
et des horreurs d'une guerre sociale où la jette fatalement
la lutte violente et acharnée du parti socialiste et du soi-
disant parti de l'ordre. Exaltés et arrêtés jusqu'aux paro-
xisme, ces deux partis se regardent, s'insultent, se mena-
cent, se provoquent à une lutte sanglante et implacable.
De transaction, ils n'en cherchent pas, ils n'en espèrent
point. Les chefs du parti de l'ordre, ceux desquels la nation avait le plus de droit d'attendre une sage modération,
se sont oubliés au point de provoquer au lieu de calmer
les passions. Formés eux-mêmes d'éléments hétérogènes et
inconciliables, ces deux partis sont, dans leur état actuel,
sans avenir fécond et ne portent l'un et l'autre dans leur
sein, que guerre intestine et anarchie. L'un parviendrait
à écraser complétement l'autre, la guerre et l'anarchie ne
feraient que changer de théâtre.

Ce déplorable état de choses et les éventualités menaçantes qu'il renferme, doivent être uniquement imputés à
l'oubli et au mépris des plus simples notions du droit social et des conditions d'existences de toute société. Jetons
un coup-d'œil sur ces deux partis. Le parti socialiste ne
fait pas assez la distinction entre les droits qu'il a comme
secte et les devoirs qu'il a comme parti. Comme secte,
c'est-à-dire, relativement à leurs doctrines, les socialistes
ont droit d'être respectés, soit que ces doctrines soient des

vérités ou des utopies. Nul n'est coupable parce que dans ses travaux intellectuels il prend l'erreur pour la vérité. La nature intellectuelle de l'homme est ainsi faite que tous, sans exception, nous sommes susceptibles de prendre l'erreur pour la vérité : Et quand une erreur arrive dans le monde des idées, ce n'est ni à l'homme en particulier, ni à la liberté intellectuelle en général, qu'il faut déclarer la guerre, c'est à l'erreur produite seulement. On l'attaque et on la dissipe par de bonnes raisons et par la lumière de la discussion.

Comme parti, c'est-à-dire relativement à leurs actes, les socialistes ont des devoirs qu'ils méconnaissent. Ils ont le devoir de ne jamais tenter, chercher ni désirer l'application de leurs doctrines, ni par des mesures révolutionnaires, ni par des mesures de fiction légale. Ils ne doivent chercher l'application de leurs doctrines que par des mesures d'assentiment général et de volonté universelle incontestables.

J'appelle mesures révolutionnaires celles qui viennent d'un pouvoir issu des barricades et non d'un pouvoir issu d'une constitution ; des mesures dénuées de toute légalité et s'appuyant uniquement sur la dictature et le despotisme d'un parti.

Je suppose qu'une insurrection, dans les proportions de l'insurrection de juin, éclate et triomphe ; que les vainqueurs établissent immédiatement un gouvernement révolutionnaire et dictatorial ; que ce gouvernement révolutionnaire et dictatorial soit subi par la France entière ; et qu'enfin ce gouvernement révolutionnaire et dictatorial, impose et applique à coup de décret des doctrines socialistes à la nation. Ce serait là appliquer des doctrines et des systèmes par des mesures révolutionnaires.

J'appelle mesures de fiction légale celles qui viennent d'un pouvoir constitutionnellement et légalement établi, et qui nonobstant la constitutionnalité et la légalité de leur

caractère, méconnaissent et violent cependant la volonté
nationale.

Je suppose qu'aux élections générales de 1852, la France,
obligée de donner le pouvoir au parti socialiste où elle
voit des utopies qu'elle condamne et des hommes qu'elle re-
doute ou de laisser le pouvoir au parti de l'ordre, ce qui serait
absoudre et sanctionner sa conduite réactionnaire et violente, couronner sa politique ignorante des nécessités du
temps et vide de toute mesure d'amélioration matérielle et
morale d'une société souffrante, faire acte de royalisme,
approuver la destruction des libertés pour lesquelles on a
combattu pendant soixante ans, se prononce en faveur du
parti socialiste. Je suppose, qu'arrivé au pouvoir, le parti
socialiste, oubliant que la France a voté moins pour lui que
contre le parti de l'ordre, s'attaque aux bases et aux conditions d'existence de la société actuelle, et cela sans s'inquiéter de savoir quel peut être le jugement et la volonté
de la nation, comprimant cette volonté si elle se manifeste
contraire, répondant à toutes les pétitions quelques nom-
breuses qu'elles soient, à toutes les protestations quelques énergiques qu'elles soient, ce que répond aujourd'hui
la majorité législative du parti de l'ordre : Nous sommes
les élus du suffrage universel, nous représentons la majorité du pays, le pays est avec nous et approuve, quoique
vous en disiez, nos actes, votre opposition est une opposition factieuse, vous faites du bruit et de l'agitation uniquement dans un intérêt de parti. Ce serait là appliquer les
doctrines sociales par des mesures de fiction légale.

Ce ne sont pas les socialistes qui doivent appliquer révo-
lutionnairement ou par des mesures de fiction légale leurs
doctrines à la société, mais c'est la société qui, librement
et avec pleine connaissance de cause, doit s'appliquer les
doctrines des socialistes. Les socialistes devraient se bien
pénétrer d'une telle vérité.

La lutte entre le parti socialiste et le parti de l'ordre est engagée dans l'ordre politique et dans l'ordre social. Le parti de l'ordre a la plus grande partie des torts quant au fond du débat. Dans l'ordre politique le fond du débat porte sur la question de savoir à qui appartient de droit, et à qui doit appartenir de fait le pouvoir social. Les socialistes répondent : Au peuple, à l'universalité des citoyens. Les royalistes répondent : A un roi ou à un empereur et à des classes. Il y en a (les légitimistes du droit national) qui admettent le droit, la souveraineté du peuple, mais à condition que ce droit accouchera d'un fait bâtard, dont il n'est pas gros, qu'il exclut même, c'est-à-dire d'une royauté légitime et héréditaire, inviolable et indestructible. Sur cette question, la raison est tout entière du côté des socialistes. Il est à regretter qu'ils ne soient pas assez sévères envers eux-mêmes pour conformer leurs actes à leurs doctrines. Les tentatives des socialistes de s'emparer du gouvernement du pays en dehors du suffrage du pays et malgré ce suffrage; les assauts sanglants, qu'en plein exercice du suffrage universel, ils ont livré à la société, après la révolution de février, sont des faits criminels, des attentats qu'on ne saurait trop condamner et trop flétrir. Il ne suffit pas de proclamer la souveraineté du peuple ou le pouvoir de l'universalité des citoyens, il faut encore être assez scrupuleux pour interroger ce pouvoir, en toute circonstance, aussi bien quand on craint une condamnation que quand on espère une approbation, et respecter ses décisions aussi bien quand elles sont contraires que quand elles sont favorables.

Dans l'ordre social, le fond du débat porte sur une question de réorganisation radicale de la société. Pour être précisé, ce débat veut être ainsi posé :

1° Est-il vrai qu'il y ait dans la société actuelle des vices, des injustices, des souffrances et des plaies d'une étendue, d'une nature telles qu'on doive se préoccuper d'une réforme sociale ?

2o Les socialistes ont-ils dans leurs mains la société nouvelle destinée à remplacer celle qu'ils veulent immédiatement détruire? Ici, les deux partis ont chacun la moitié du tort. Le parti de l'ordre a tort de nier la première proposition qui est vraie; les socialistes ont tort d'affirmer la seconde qui ne l'est pas. Une réforme sociale est nécessaire, mais une doctrine réformatrice vraie est encore à produire.

Pour être juste, le parti de l'ordre devrait trouver bien et respecter les recherches théoriques, l'action spéculative des socialistes, et combattre seulement leur action pratique actuelle et les faux systèmes qu'ils présentent comme vrais.

Les moyens qu'emploie le parti de l'ordre pour soutenir cette lutte sont aussi coupables qu'insensés.

Ils sont coupables, parce qu'ils ne sont autre chose qu'une réaction permanente et ouverte contre l'ordre de chose qui a triomphé en février, contre les idées et les institutions républicaines consacrées par la constitution.

Ils sont insensés, parce qu'ils tournent contre les fins qu'ils poursuivent. Que veut le parti de l'ordre? conserver le pouvoir et écraser les socialistes. Or, il est sûr de perdre le pouvoir, parce que sa politique réactionnaire, son régime despotique et arbitraire mettent contre lui la partie modérée de la nation et la forcent à voter avec les socialistes, non par amour des socialistes, mais par haine de lui.

Les dernières élections l'ont averti du mouvement qui se faisait contre lui dans la nation. Ce mouvement l'a effrayé et désespéré; mais au lieu de l'arrêter par une prompte soumission à l'opinion publique, il s'est insurgé et y a répondu par de nouvelles mesures liberticides et compressives.

Le parti de l'ordre paraît décidé, pour conserver le pouvoir, à lutter, non-seulement contre le parti socialiste, mais encore contre la nation elle-même. Il a supprimé les réunions électorales, mutilé le suffrage universel, bâillonné la presse, et comme malgré cela, ou plutôt à cause de cela, il doit redouter les élections générales de 1852, il pourrait bien se faire qu'avant cette époque la Constitution républicaine ait disparu, et un pouvoir fort, comme on dit, c'est-à-dire un pouvoir dictatorial et gouvernant par le sabre, soit établi. Certains organes et certains chefs du parti de l'ordre poussent à cela.

Ils ne voient pas qu'ils engagent leur tout dans une partie certainement perdue pour eux, et qu'ils tombent en plein dans ce qu'ils redoutent le plus, dans une révolution sociale et dans les mains des socialistes révolutionnaires.

Le parti de l'ordre se trompe étrangement, s'il croit conserver le pouvoir par la force et en luttant contre la majorité du pays. D'autres ont voulu lutter contre le pays et résister à l'opinion publique. On sait ce qu'il leur est arrivé. Il est dans les lois physiques comme dans les lois morales, que la majorité fait la loi à la minorité.

En déchirant la Constitution et en supprimant le suffrage universel, le parti de l'ordre peut éviter une défaite légale en 1852, mais à coup sûr il n'échappera pas à une défaite violente plus tard.

Une défaite légale amènerait au pouvoir les socialistes d'en haut, les socialistes réformateurs. Une défaite violente amènera au pouvoir les socialistes d'en bas, les socialistes révolutionnaires.

Dans le premier cas, le danger est bien moindre qu'on ne se le figure, ou plutôt il n'y a pas de danger. En premier lieu, tout parti, quel qu'il soit, arrivant légalement au pouvoir, n'est jamais violent. En second lieu, l'anarchie de leurs doctrines rend les socialistes d'une impuissance radicale sur le terrain de l'application. Ils pourraient s'entendre pour des réformes économiques de peu d'importance, mais ils ne s'entendraient jamais quand il s'agirait de réformes profondes à établir sur des principes nouveaux, leurs principes d'organisation sociale étant différents. On connaît quels succès eurent les doctrines de M. Proudhon à l'Assemblée constituante, où il y avait cependant une majorité républicaine-socialiste fort considérable : elles furent appuyées par une voix. Les autres systèmes socialistes auraient eu un succès pareil s'ils avaient affronté le jugement d'un semblable jury.

Il en serait encore ainsi si une autre majorité républicaine-socialiste arrivait au pouvoir. Les socialistes d'une école voteraient contre les socialistes de toutes les autres écoles. D'ailleurs quel serait le système socialiste produit jusqu'à ce jour, capable de sortir vivant d'une discussion aussi profonde qu'éclatante qu'il lui faudrait subir à la tribune nationale? Pas un. On les verrait tomber en lambeaux de cette tribune.

Dans le second cas, dans le cas d'une défaite violente, il ne faut pas se le dissimuler, le danger serait immense ; immense pour la société, immense pour le parti de l'ordre. Là, outre la couche criminelle et immorale de la société qui, à chaque révolution, monte à la surface pour y répandre son action malfaisante, on a affaire à ces hommes qu'après la révolution de février, on a trop bassement flattés et abusés, puis trop lâchement insultés, trop cruellement frappés, trop injustement déshérités, trop imprudemment oubliés. Là se trouvent d'amères déceptions et des haines implacables. Juste ou injuste, là, on fera cette terrible logique : « On nous avait tout promis à la révolution de février, on n'a tenu aucune promesse; on nous a indignement trompés, indignement trahis. Ne nous fions plus à personne ; nous tenons le pouvoir, profitons-en, accomplissons nous-mêmes, et sur-le-champ, la révolution sociale. Décrétons. . . . . » On sait quelle serait la teneur et la portée économique de ces décrets.

Le parti de l'ordre en particulier serait à la merci des transportés sans jugement, de la vile multitude, des hommes contre lesquels il faut faire l'expédition de Rome à l'intérieur, des hommes qu'il faut exterminer. Le parti de l'ordre serait sous le coup de représailles et de vengeances terribles. Le parti de l'ordre songe-t-il à tout cela?

Ces éventualités menaçantes de désastres économiques et de guerre civile seraient complètement écartées par l'établissement du pouvoir social qui vient d'être indiqué.

La nation investie d'une souveraineté réelle interviendrait alors d'une manière efficace pour arrêter et réprimer les violences des partis, soit que ces partis soient au pouvoir et que la violence se manifeste dans les lois, soit que ces partis cherchent illégalement le pouvoir, et que la violence se manifeste dans la rue. Ce serait le terme de ces luttes sanglantes et de ces affligeants spectacles de révolutions et de réactions dont se compose depuis soixante ans la vie politique de la France.

Tout danger de voir bouleverser l'économie sociale du pays par l'application de fausses doctrines sociales, soit à coups de décrets, le lendemain d'une révolution, soit par l'action légale d'une majorité socialiste se couvrant de la fiction légale, que, envoyée par le pays, ses actes expriment la volonté du pays, cesserait immédiatement d'exister.

Pouvant parler et agir, la nation mettrait arrêt à tout projet de réforme sociale qui ne reposerait pas sur des principes démontrés incontestablement vrais, ou qui n'aurait pas l'assentiment général.

Abordons à présent la question de gouvernement ou de la délégation du pouvoir social.

Le gouvernement est destiné à gérer la chose publique au nom et sous la surveillance du pouvoir social.

La gestion d'une société implique trois fonctions distinctes; ce sont :

1º *Une fonction législative ;*

2º *Une fonction exécutive-administrative ;*

3º *Une fonction judiciaire.*

Une fonction législative destinée à faire la loi, c'est-à-

dire à formuler les droits et à régler la conduite des citoyens envers la société, de la société envers les citoyens,
des citoyens entre eux, et à arrêter les dispositions à mettre
en pratique pour assurer le bien-être général.

Une fonction exécutive-administrative destinée à mettre
à exécution les lois ou à administrer d'après les lois.

Une fonction judiciaire destinée à exercer un contrôle
souverain sur toutes les opérations administratives et sur
toutes les relations sociales, et à punir toutes les infractions
aux lois dans la mesure et la forme établies par les lois.

Je ne borne pas les attributions de la fonction judiciaire
à punir des délits ou des crimes quand ils sont constatés,
mais je lui donne encore la mission de surveiller, par un
contrôle général et souverain, toutes les opérations administratives de la société et toutes les relations civiles des
hommes, sauf ce qui appartient à la vie privée. Je réunis
ainsi dans la fonction judiciaire les attributions de la Cour
des comptes avec celles de la justice ordinaire.

Une pareille disposition paraît arbitraire, et je conçois
qu'on n'en saisisse pas pour le moment l'utilité et la portée;
mais ce que je dis se rapporte moins à ce qui existe actuellement qu'à l'administration de la nouvelle société que
j'ai en vue.

A la tête de chacune de ces trois fonctions doit être un
onctionnaire ou un moteur.

Quelle qualité doit-on demander à ce fonctionnaire ou à
ce moteur? Les qualités suivantes:

1º *Unité de volonté;* afin que l'action soit décidée et éner-
gique.

2º *Lumières;* pour que cette volonté soit éclairée dans
ses actes.

3º *Probité et droiture;* pour que ces actes ne portent jamais que le double caractère de justice et d'intérêt général.

4º *Indépendance;* pour être à couvert de toute pression

illégitime et de toute influence corruptrice, venant d'en haut.

5° *Force;* pour vaincre toute résistance matérielle venant d'en bas.

Pour obtenir ces qualités, convient-il que ces fonctionnaires ou ces moteurs soient des individus ou des assemblées ? Des fonctionnaires ou des moteurs-assemblées présentent, sans contredit, plus d'avantages et offrent de meilleures garanties que des fonctionnaires-individus.

En effet, par l'exercice scrupuleux du principe des majorités, il y a dans une assemblée unité de volonté comme chez l'individu. D'un autre côté, toutes choses égales d'ailleurs, les connaissances d'une assemblée sont plus vastes que celles d'un individu, et la discussion publique d'une assemblée jette plus de lumière sur la solution d'une question, que la délibération privée de l'individu. En troisième lieu un fonctionnaire-assemblée donne plus de garanties de probité et de droiture qu'un fonctionnaire-individu ; car il manque à une assemblée l'ombre et le secret dans lesquels un individu peut cacher des pensées coupables, et couvrir des actes criminels. Donnons à ces assemblées des noms significatifs des fonctions qu'elles ont à remplir.

Appelons *corps législatif,* celle qui doit faire les lois. Appelons *directoire* celle qui doit mettre à exécution les lois. Appelons *haute-cour,* celle qui doit exercer un contrôle souverain sur tout, et punir les infractions aux lois.

Pour que ces fonctionnaires-assemblées aient l'indépendance et la force qu'on leur demande, on n'a qu'à les faire sortir du suffrage universel, et les constituer de la manière suivante :

CONSTITUTION DU GOUVERNEMENT.

1° Le directoire et la haute-cour sont deux assemblées élues par le suffrage universel.

2° Elles sont indépendantes l'une de l'autre dans leur existence et dans leur action.

3° Au directoire est confiée la mission spéciale d'exécuter les lois et d'administrer la société; à la haute-cour est confiée la mission spéciale de contrôler l'administration sociale et les relations civiles, et de punir toute infraction aux lois.

4° Si malgré la distinction et l'indépendance des attributions, il survient un conflit sur des droits ou sur des faits, entre ces deux assemblées, aucune d'elles n'a le droit de faire subir sa volonté à l'autre. Le différent est tranché par le suffrage universel ou le pouvoir social.

5° Chacune de ces deux assemblées, a le droit de porter devant le suffrage universel telle question qu'il lui plaira, pour la lui faire décider.

6° Chacune de ces deux assemblées est tête de hiérarchie gouvernementale, et a seule autorité directrice sur les fonctionnaires qui agissent sous ses ordres, et qui constituent les rouages secondaires de sa fonction.

7° Ces deux assemblées font de concert les lois; elles prennent alors le nom de corps législatif.

8° Toute loi est discutée et adoptée dans chacune de ces deux assemblées.

9° Chacune de ces deux assemblées a le droit d'initiative pour les propositions de lois.

10° Tout projet de loi est élaboré par une commission dont les membres sont pris en égal nombre dans les deux assemblées, afin que les diverses connaissances du gouvernement soient représentées dans l'élaboration du projet de loi et que les conditions de contrôle puissent être placées à côté des dispositions administratives.

11° Quand un projet de loi est adopté dans une assemblée et rejeté dans l'autre, le projet de loi demeure rejeté; mais l'assemblée qui l'a appuyé peut, si elle ne juge pas mieux d'attendre le terme légal où ce projet de loi pourra être de

nouveau présenté, faire appel au suffrage universel, et provoquer son adoption ou son rejet par la majorité des citoyens.

On peut reprocher au gouvernement actuel de la France,
tout démocratique qu'il est, trois vices principaux.

1° Un antagonisme établi au sommet du gouvernement
entre deux délégations parallèles du pouvoir social ou de
la volonté générale.

2° Un manque de subordination pratique du gouvernement au pays.

3° Un pouvoir judiciaire sans indépendance et sans souveraineté.

1° On a au sommet du gouvernement un président et une
asssemblée élus l'un et l'autre par le suffrage universel.
Le président doit exercer le pouvoir exécutif, mais d'après
la Constitution, l'assemblée l'exerce aussi, et d'une manière
encore plus souveraine, puisqu'elle peut en toute circonstance imposer sa volonté au président. En réalité il y a là
une confusion de pouvoirs.

Quand l'assemblée et le président ont des vues différentes
un conflit éclate entre eux, et quoique en principe l'assemblée soit souveraine, en fait le président lui résiste avec
succès en s'appuyant sur le suffrage universel qui l'a nommé, sur la force publique dont il dispose et sur les emplois
et les faveurs qu'il distribue. Un antagonisme dans le gouvernement, équivaut à une paralysie. Un pouvoir suprême
devrait intervenir pour faire cesser cet antagonisme, et ce
pouvoir manque. Dans le projet de constitution de gouvernement que je viens d'exposer, aucun antagonisme n'est
possible. Deux assemblées, sous le nom de corps législatif,
ont la mission de faire les lois. Si ces deux assemblées ne
sont pas d'accord sur l'adoption ou le rejet d'une loi, le
pouvoir social ou le suffrage universel intervient pour tran-
cher la question d'une manière souveraine. Ces deux
mêmes assemblées exercent, l'une, sous le nom de direc-

toire, la fonction exécutive-administrative, c'est-à-dire la mise en jeu des lois; l'autre, sous le nom de haute-cour, un contrôle sur les opérations sociales et une fonction judiciaire. Là encore l'antagonisme est impossible, car leurs fonctions sont nettement définies ; et si un différend, sur des droits ou sur des faits arrive, il est immédiatement tranché par le suffrage universel qui s'empare de ce différend, sur l'appel d'une de ces assemblées, ou sur la proposition des conseils électoraux.

Bien des gens sans foi, dans la vertu du suffrage universel doivent repousser comme portant atteinte aux conditions d'ordre et de bon gouvernement les attributions étendues dont je l'investis. Si l'on réfléchissait bien, on verrait cependant que rien n'est moins fondé qu'une pareille appréhension. Le suffrage universel manque-t-il d'autorité ? Non. Nul pouvoir n'impose autant de respect moral et de subordination matérielle que le suffrage universel. Le suffrage universel manque-t-il de moralité ? Non. La corruption ne saurait atteindre le suffrage universel. On ne saurait acheter la majorité d'un peuple. La voix du suffrage universel est acquise aux idées de progrès et aux intérêts généraux, et non à des intérêts personnels, égoïstes et sordides. Le suffrage universel manque-t-il de lumières? Aujourd'hui il n'en manque que trop, vu l'état d'ignorance où se trouvent les masses. Mais c'est là un état transitoire et anormal. Ce qui tient à un incident ne saurait être imputé comme un vice inhérent au principe et à la pratique du suffrage universel. Dans l'organisation sociale que j'expose l'ignorance des masses disparaît, chacun reçoit une éducation par les soins et aux frais de la société. Là par conséquent, tout individu qui vote, saura ce qu'il vote, pour qui et pour quoi il vote. Là le suffrage universel ne manquera pas de lumières. Du reste le suffrage universel est moins appelé à résoudre les problêmes ardus de la science qu'à se prononcer sur des questions de bon sens, de conscience publique, d'intérêt général ; et de pareilles questions même dans son état actuel d'ignorance, il les juge mieux que les partis qui n'obéissent la plupart du temps qu'à des idées exclusives et à des intérêts égoïstes.

2° En principe, le gouvernement actuel de la France est l'expression de la volonte générale, et est censé se conduire en tout et pour tout, d'après cette volonté. Il n'en est pas de même en pratique. En pratique le gouvernement peut faire et fait des actes que la volonté générale condamnerait, si elle pouvait parler, — témoin l'expédition de Rome et la loi électorale, etc.; — mais cette volonté est muette parce qu'elle manque, je l'ai déjà dit, d'existence et d'expression légale, depuis l'élection du gouvernement jusqu'à l'expiration de son mandat. Pendant ce temps, le gouvernement règne en dictateur, et est au-dessus de la volonté générale. La volonté générale peut le condamner après coup, mais les faits ne sont pas moins accomplis. En donnant au contraire à la volonté générale une existence légale permanente, le gouvernement ne sera plus qu'un commis, qu'un subordonné, et ses actes ne seront jamais en oppositition avec cette volonté.

3° Le contrôle et le pouvoir judiciaire, pour être exercés avec droiture et équité, veulent être souverains et à couvert de toute pression ou influence du pouvoir exécutif. Tels qu'ils existent aujourd'hui, ils sont dans une véritable dépendance du pouvoir exécutif, puisque c'est le pouvoir exécutif qui choisit, comme il l'entend, leurs fonctionnaires.

L'inamovibilité de la magistrature n'est pas une garantie suffisante d'indépandance. Le pouvoir exécutif a assez d'action sur la magistrature, du moment qu'il choisit les magistrats, et qu'il peut priver d'avancement ceux qui n'agiraient pas suivant ses vues. Le contrôle et le pouvoir judiciaire, tels qu'ils sont constitués dans cet écrit, jouissent au contraire d'une entière indépendance et d'une souveraineté absolue.

CHAPITRE VI.

ORGANISATION DE L'ÉCONOMIE MATÉRIELLE.

L'économie matérielle d'une société est résumée dans ces trois buts :

1º *Multiplication des richesses matérielles;*

2º *Réduction du travail employé à leur production ;*

3º *Distribution de ces richesses suivant les droits de chacun.*

Je crois qu'on peut atteindre ces trois buts au plus haut degré, par une organisation économique basée sur les principes suivants :

1º *Tous les biens naturels préexistants sont propriété sociale.*

2º *La société est l'entrepreneur universel de toutes les productions réclamées par les besoins de l'homme.*

3º *La société opère dans ses productions avec un capital social.*

4º *La société achète des individus le travail mécanique et intellectuel dont elle a besoin dans ses productions, à la libre concurrence.*

A l'énoncé de ces principes, le lecteur m'accuse de tomber dans le système de *l'industrie par l'état.* J'y tombe en plein et avec connaissance de cause, mais je prie le lecteur de suspendre son jugement sur ce système, jusqu'à meilleure connaissance de ce qu'il est, et de ce qu'il vaut.

Rien d'arbitraire, rien d'injuste. Avant d'édifier sur ces

quatre principes, avant d'étudier les avantages qu'ils peuvent présenter, il convient de se préoccuper et d'examiner scrupuleusement si personne dans la société, individus ou classes, n'est blessé dans ses droits légitimes par leur adoption. Le droit de l'individu doit être aussi sacré que celui de la masse ou de la société, et quels que puissent être les avantages généraux garantis par ces principes, il faut s'arrêter et renoncer à leur application s'ils froissent les droits individuels.

1° *Tous les biens naturels préexistants sont propriété sociale.*

J'ai démontré ou plutôt j'ai dit, car ce qui est évident ne comporte pas de démonstration, que les biens naturels préexistants, tels que la terre, l'eau, l'air et leurs productions spontanées appartiennent, à égal titre, à toutes les créatures humaines. On ne peut imaginer que trois modes de jouissances de ces biens, capables de satisfaire les droits de chacun.

1° Le mode sauvage, où rien n'est approprié et où chacun prend de ces biens tout ce qu'il en peut saisir. Dans un pareil mode les hommes se disputent une proie comme les bêtes.

2° Le mode de la loi agraire, où l'on partagerait les biens naturels en autant de parts égales qu'il y a d'individus, et où l'on recommencerait le partage le lendemain, si dans les vingt-quatre heures il survenait un décès ou une naissance. Mode imaginaire sans pratique possible. L'un et l'autre de ces deux modes sont en outre la négation complète de tout progrès dans les sciences, dans les arts et dans l'industrie.

3° Le mode de propriété sociale indivise où la société exploite et fait valoir ces biens au nom et pour le compte de tous, et où chacun reçoit la part de fruits afférente à ses droits, sans jamais pouvoir disposer d'aucune partie du fond. Ce mode, loin de mettre obstacle au progrès et au bien-être de l'humanité, est de nature à les élever, au contraire, par l'ordre et la puissance de l'association, à une hauteur hors de toute mesure. C'est ce mode que j'adopte.

Le lecteur a également vu, au chapitre II, que dans la société actuelle, le mode de jouissance des biens naturels n'est qu'une spoliation de la masse au profit de quelques privilégiés de la naissance et de la fortune. Ne sachant et ne pouvant régler le fait d'après le droit, on a par nécessité nié le droit de jouissance des biens naturels à tous ceux qui ne se trouvent pas possesseurs des biens créés, avec lesquels ces biens naturels sont indissolublement unis. Ainsi, ce premier principe d'organisation économique,—tous les biens naturels préexistants sont propriété sociale,—est irréprochable au point de vue de la justice, en ce qu'il fait cesser la spoliation que la société actuelle conserve et protége au préjudice de la majorité des hommes.

2° La société est entrepreneur universel de toutes les productions réclamées par les besoins de l'homme.

Il est deux catégories d'individus, aux intérêts desquels touche ce deuxième principe économique. Ce sont les consommateurs, s'ils sont obligés de payer les produits plus cher, et les entrepreneurs en ce qu'ils n'auront plus de bénéfices à réaliser, n'ayant plus d'entreprises à conduire. Pour ce qui concerne les consommateurs, la question n'est qu'une affaire de résultats ; et il ne peut y avoir aucun conflit de droits.

Comme la société, ils voudront l'application du principe s'il garantit meilleur marché et meilleure qualité des produits ; comme la société, ils repousseront l'application du principe, s'il n'offre que des produits plus chers et plus

mauvais. La société ne cherche que ce que demande et
désire le consommateur. Le consommateur et la société
sont ici en identité d'intérêt. Le même accord d'intérêts
n'existe pas entre la société et les entrepreneurs. La société
se faisant elle-même entrepreneur de toutes les productions, réclamées par les besoins de l'homme, compromet
de la manière la plus grave les intérêts des entrepreneurs
actuels; en ce qu'elle les prive des bénéfices qu'ils réalisent
journellement dans leurs entreprises. Mais une mesure
économique, peut blesser des intérêts mal basés, sans
blesser des droits, peut contrarier de lucratives spécula-
tions sans être injuste. Si l'entreprise de toutes les industries, par la société, est de nature à accroître le bien-être
général, faudrait-il s'arrêter parce que quelques individus,
entrepreneurs ou spéculateurs, cesseraient de réaliser des
bénéfices, presque toujours hors des proportions avec leur
travail, souvent frauduleux? De quel droit ces individus
prétendraient-ils élever ainsi leur fortune et leur bonheur
sur la misère et la souffrance de la masse? L'individu n'est
jamais en droit d'accuser d'injustice une mesure de la société, si cette mesure est une mesure générale, prise dans
l'intérêt de tous, qui porte également sur tous et où il n'a
pas plus de charges à supporter, ni moins de bénéfices à retirer que les autres citoyens.

3° *La société opère dans ses productions avec un capital*
social.

Comme le précédent, ce principe nuit à des intérêts individuels mais ne blesse aucun droit. Evidemment, la société
opérant avec un capital lui appartenant, les possesseurs des capitaux de l'industrie privée, se verront frustrés des revenus
que ces capitaux leurs rapportent actuellement. Leurs
capitaux ne pouvant plus fructifier, ils ne peuvent que les

vendre à la société, pour leur valeur réelle, et consommer cette valeur. C'est une position qui change du tout en tout au point de vue de l'intérêt. Mais au point de vue du droit, ont-ils une réclamation fondée à élever? La société n'a-t-elle pas mission de chercher le bien-être général? Et si elle juge que l'application de ce principe est de nature à procurer ce bien-être, faudrait-il qu'elle s'abstienne de la réaliser, parce qu'il n'est point en harmonie avec tels intérêts personnels? La société représente tous les citoyens, et qu'a à dire un individu contre tous les citoyens, si ceux-ci, trouvant onéreux les services de son industrie, n'en veulent plus et préfèrent les services d'une autre? Ses intérêts sont compromis, mais assurément pas ses droits. Mais, dira-t-on, les possesseurs actuels des capitaux fonciers et des capitaux industriels ne sont-ils pas libres de refuser de vendre à la société leur propriété? Ne sont-ils pas libres de disposer de leur propriété comme bon leur semble? Si la société n'est pas tenue de se préoccuper des intérêts des individus, elle est tenue de s'arrêter devant leurs droits; et c'est un droit que la libre disposition de sa propriété. Quelle industrie peut organiser la société sans les capitaux fonciers et sans les capitaux industriels, qui constituent le fond de la richesse de tout pays? Les possesseurs actuels de ces capitaux ne peuvent-ils pas arrêter ainsi la réalisation d'un capital social et conséquemment la réalisation d'une industrie sociale.

J'ai posé l'objection; je vais faire la réponse. On a vu au chapitre II qu'il y avait lieu d'établir deux catégories des biens matériels de ce monde :

1° Les biens naturels préexistants : terre, eaux, air, avec leurs productions spontanées. Ces biens appartiennent, à égal titre, à toute créature humaine et, en droit, nul ne peut en être dépouillé.

2° Les biens industriels créés par le travail humain, modifications utiles du fond, instruments d'industrie, produits de toute espèce. Ces biens appartiennent, au contraire, sans contestation aucune, à ceux qui les ont produits par leur travail, ou à ceux qui en sont détenteurs par une libre et volontaire donation des productions. Ces deux espèces de biens, distincts quant au droit, se confondent dans le fait. Les richesses créées par le travail de l'homme ne peuvent avoir d'existence séparées des biens naturels, car les biens naturels sans le fond et les richesses créées ne sont autre chose que des améliorations et des transformations qu'on a fait subir à ce fond, ou des transformations des matières premières, tirées de ce même fond. La propriété de tous, ou de la société sur les biens naturels est encore plus sacrée que la propriété des particuliers sur les biens créés ; car si ces derniers biens servent à améliorer l'existence, les premiers sont indispensables à sa conservation. L'homme ne saurait trouver sa subsistance que dans les productions spontanées des biens naturels, ou dans les productions que son travail peut tirer de ces mêmes biens. La société, en faisant entrer tous les hommes en jouissance des biens naturels, dont ils ont été dépouillés jusqu'à présent, n'exerce pas seulement un droit, elle accomplit un devoir. La société peut donc en toute justice faire entrer dans son domaine les biens naturels, améliorés et modifiés comme ils le sont, en payant aux détenteurs actuels la valeur intégrale du fond et des améliorations. La société considérera les biens particuliers qu'elle fait entrer dans son domaine, comme provenant de la source la plus légitime, comme un travail acquis et accumulé. Elle ne rencontrera pas à la possession violente et sanglante de la propriété foncière par les conquérants, ni à la source impure et immorale des colossales fortunes financières, élevées uniquement dans des tripotages de bourse. Elle regardera indistinctement toutes les fortunes comme le fruit d'un légitime travail, et en remboursera la valeur intégrale. La question du système de remboursement sera traitée plus tard. Il ne s'agissait ici que de prouver que le principe et le fait d'un capital social ne portent pas atteinte aux droits de personne.

4° *La société achete des individus le travail mécanique et intellectuel dont elle a besoin dans ses productions, à la libre concurrence.*

Il est évident que ce principe, toute réserve faite pour le moment sur sa partie économique, ne blesse aucun droit particulier ni aucun intérêt privé. Ce qu'il règle pour un, il le règle également pour tous.

J'ai discuté les quatre principes qui doivent servir de base à une nouvelle organisation sociale, au point de vue des droits privés, et je crois qu'il est clairement démontré que, s'ils froissent des intérêts mal assis, ils ne blessent aucun droit. Maintenant il faut encore se faire cette autre question : En pratique, ces quatre principes sont-ils réalisables? ne présentent-ils pas des impossibilités d'application?

Leur application peut être plus ou moins heureuse, plus ou moins avantageuse pour la société; mais elle ne présente assurément aucune impossibilité physique. La société, si elle le veut, peut réaliser la pratique de ces principes. Il n'y a donc, contre leur application, ni impossibilité physique, ni injustice, qui constitue l'impossibilité morale.

Les questions de justice et de possibilité écartées, il ne reste plus que l'organisation économique et l'appréciation de ses avantages et de ses inconvénients. Le premier point de cette organisation qu'il importe de traiter, c'est le mode de répartition des richesses entre les associés ou les citoyens. Viendra ensuite la production des richesses.

Figurons-nous donc, en réservant toute discussion sur les diverses questions qui naissent de cette hypothèse, la société entrepreneur universel de toutes les industries utiles à l'homme ; figurons-nous la société au lieu et place des entrepr. neurs actuels, en possession de toute la propriété foncière, de tous les capitaux industriels et commerciaux, et exécutant elle-même toute la production sociale. La société seule, sera donc entrepreneur, et tous les hommes, sans distinction, ne seront plus que ses ouvriers ou ses fonctionnaires. Tous les membres de la société seront placés vis-à-vis de la société de la même manière que sont placés les individus du personnel d'une entreprise particulière vis-à-vis de l'entrepreneur. Deux graves questions surgissent ici :

1° De quelle manière seront admis les associés ou les citoyens à prendre part au travail de la production ?

2° De quelle manière se fera la distribution de ces produits entre ces mêmes citoyens ?

Le premier système qui s'offre à l'esprit et qui paraît même, au premier abord, le seul admissible, est le suivant :

Partager tout le travail social, mécanique, artistique, scientifique entre tous les citoyens, et suivant les capacités de chacun, de manière à ce que chacun soit appelé à produire pour être appelé à prendre part aux produits, et que tout individu reçoive de ces produits, suivant son travail et son talent.

Garantir un minimum convenable à toute espèce d'impuissance et d'incapacité constatées.

La société en garantissant ainsi du travail à tous les citoyens et un minimum aux impuissants, détruirait le paupérisme, la mendicité des personnes valides, et mettrait un terme aux douleurs et aux souffrances des personnes infirmes et incapables de se suffire à elles-mêmes.

Mais ce système, quoique ne présentant aucune impossibilité d'application, ne manque pas d'avoir de graves inconvénients dont voici les deux principaux.

En premier lieu on aurait des fonctions moins bien rem-

plies et un travail moins parfait. Du moment que chacun
doit prendre part au travail social, la quantité de travail
de chacun est nécessairement limité, et conséquemment
fonctionnaires et ouvriers manqueraient de cette habileté
et de cette aptitude qui proviennent d'un exercice incessant et d'une pratique journalière. En second lieu l'homme
se trouve arrêté dans le libre développement de son activité. S'il voulait se perfectionner dans son art, dans son
métier, et travailler d'un bout de l'année à l'autre pour acquérir des biens, il ne le pourrait pas, parce que la société
ne pourrait lui accorder tout ce travail, devant fournir
obligatoirement du travail aux autres. Il faudrait pour cela
que la production de la société fut d'une étendue indéfinie
et de nature à absorber constamment toute l'activité productive humaine, en dépit du progrès des machines. Or,
cela n'est pas, parce que la production est limitée par la
consommation, et parce que la consommation est limitée,
en la supposant même facultative, par les facultés consommantes de l'homme. Enfin, ce système donnerait lieu à un
mécanisme administratif très-compliqué.

Voici un autre système de répartition de travail et de
produits, où ces inconvénients sont évités :

Constitution du système répartitif de la société.

1o La société proclame le principe de la libre concurrence et l'applique d'une manière absolue.

En vertu de ce principe :

2o Toute fonction sociale est donnée au postulant qui,
sur examen approfondi, reconnu parfaitement capable de
la remplir, offre de la remplir avec les émoluments les
moins élevés. Les fonctions se donnent par *exercices*. Chaque exercice est d'une période de temps déterminé.

3o Tout travail de quelque nature qu'il soit, mécanique,

artistique ou intellectuel, est acheté par la société au plus
bas prix possible, sur la concurrence des offrants. La qualité du travail est spécifiée et déterminée, et l'ouvrier doit
être reconnu parfaitement capable de fournir cette qualité de travail. Suivant la nature de la production, l'ouvrier peut être mis à la journée, à la tâche, ou à l'œuvre.

4° Après avoir soldé tous les frais d'administration générale et de production, la société partage le bénéfice entre
tous les citoyens sur le pied de la plus stricte égalité, sauf
la différence qu'on peut établir entre l'enfant et l'homme
en raison de leurs différents besoins.

A présent analysons ce système dans ses données et ses
conséquences.

Au premier abord, on croit voir dans ces dispositons un
vaste système de communisme. J'affirme qu'il n'y a qu'une
véritable justice de répartition des biens de ce monde, et
je nie qu'il y ait le moindre élément caché ou patent de
communisme.

Quels sont les caractères du communisme ?

Ce sont :

1° De dépouiller l'homme de sa propriété ;

2° D'anéantir l'individualité personnelle, ainsi que l'individualité domestique ou de la famille.

Aucun de ces caractères ne se présente dans ce système de répartition. La sphère d'activité libre et indépendante de l'individu et de la famille n'est ici ni attaquée ni
mise en question. La propriété de l'homme, sa véritable
propriété, celle qui vient de ses droits aux biens naturels
préexistants et de son activité productive, bien loin d'être
attaquée, se trouve au contraire consacrée et garantie.
L'apparence de communisme est dans cette disposition,
que, les frais de production prélevés, tout le bénéfice social est partagé entre tous les citoyens, qu'ils aient ou
qu'ils n'aient pas pris part à la production sociale. On se
demande pourquoi les gens qui ne prennent aucune part

à la production sont admis à partager les produits ? Pour quoi ne pas partager purement et simplement les produits entre ceux qui les produisent ?

A qui prétendrait que les produits doivent être uniquement partagés entre ceux qui les produisent, je réponds que cela serait excessivement injuste, en ce que l'action spontanée et féconde de la terre, ainsi que ses productions naturelles, entrent pour la plus grande part dans les biens qu'on voudrait attribuer exclusivement aux producteurs. Et comme les richesses naturelles appartiennent à tous, tous doivent en partager les fruits. D'un autre côté, les inventions des hommes de génie ont centuplé la puissance productive de l'homme ; pourquoi ces inventions profiteraient-elles seulement à un petit nombre au lieu de profiter à tous ? Elles profitent à tous en payant les services productifs de l'homme à un prix librement convenu par lui et en partageant les bénéfices de la production générale entre tous les citoyens.

Le producteur n'a aucune réclamation fondée à élever relativement à la rétribution de son travail. Quand il offre son travail, il n'est pas, comme aujourd'hui, sous l'empire d'une nécessité exceptionnelle et impérieuse. Sa situation est celle de tous les citoyens sans distinction. S'il donne son travail, c'est moins par un besoin pressant de subvenir à sa subsistance, puisqu'il reçoit une part du bénéfice social de nature à l'assurer, que pour agrandir son bien-être. Dans le marché qu'il fait avec la société, il est libre, et s'il y souscrit, c'est qu'il y trouve son avantage.

Ce n'est pas tout que de donner à chacun une part du bénéfice de la société, il faut encore se rendre compte du degré de bien-être que cette seule part du bénéfice social garantit à l'homme. Mettons de côté la catégorie des gens qui, par infirmité ou autres causes d'impuissance, ne peuvent ni travailler ni se suffire à eux-mêmes. Ces gens-là doivent être à la charge de la société ; chacun doit concourir à leur entretien. La partie valide et forte des hommes doit soutenir la partie faible et invalide. Si la part du bénéfice social n'était pas assez forte pour leur assurer un degré convenable de bien-être, il faudrait leur garantir un minimum qu'on prélèverait sur ce bénéfice avant de le partager. Ce qui va être dit ne concerne donc que la catégorie des personnes valides et pouvant travailler.

Une population qui occupe un pays doit se trouver nécessairement dans une de ces trois situations.

1º Ou ce pays, bien exploité, peut, par l'abondance de ses produits, assurer une existence heureuse à cette population;

2º Ou ce pays, bien exploité, ne peut, par la quantité bornée de ses produits, assurer qu'une existence à peine aisée à cette population;

3º Ou ce pays, bien exploité, ne peut, par l'insuffisance de ses produits, suffire à l'existence de cette population.

Dans le troisième cas, c'est un mal sans remède; on ne peut pas faire vivre une population dans un pays, quand ce pays, quoi qu'on fasse, ne rapporte pas assez pour le nourrir. Il n'y a qu'un parti à prendre, c'est l'émigration de la population qui s'y trouve de trop. Il est bien entendu que je ne parle pas d'une population commerçante, qui peut vivre et même s'enrichir en faisant les affaires des autres, quoique le pays qu'elle occupe ne puisse suffire à sa subsistance. Je parle d'une population devant vivre des ressources de son pays, sans faire les affaires des autres. Dans les deux autres cas, voici ce qui arrivera : la société connaît d'avance, d'une manière approximative, l'étendue de la production qu'elle doit opérer pour approvisionner le marché social. L'étendue de cette production doit s'arrêter à ces deux limites :

1º Lorsque les produits ne sont réclamés par aucun besoin, soit que l'homme ne puisse ou ne veuille les consommer. Il est inutile de produire 100 chapeaux quand il n'y a que 10 têtes à coiffer.

2º Lorsque le produit ne se vend pas au moins le prix du travail qu'il a coûté. Il est évident que la société ne peut pas créer des produits dont les citoyens ne voudraient pas pour le prix qu'elle a dépensé à leur création.

La production à exécuter étant arrêtée dans son étendue approximative, on saura aussi approximativement quelle quantité de travail il faudra pour l'exécuter. On saura conséquemment que, suivant que la société achetera le travail et les services dont elle a besoin à tels ou tels prix, le bénéfice social sera de telle ou telle somme, et la part de chaque citoyen de telle ou telle quantité. Avec ces données chacun sait à l'avance d'une manière approximative le sort qui lui est fait par le bénéfice social. S'il trouve que ce sort est convenable, et s'il préfère s'en contenter que de s'en faire un meilleur en travaillant, il se dispensera de travailler. S'il trouve au contraire que la part du bénéfice social n'est pas de nature à lui assurer le degré de bien-être qu'il désire, il l'accroîtra par son travail, et il offrira son travail à la société à prix de concurrence, c'est-à-dire, au rabais jusqu'à ce qu'il soit accepté de préférence à celui des autres.

On peut donc poser en principe que toutes les fois que la part du bénéfice social ne sera pas jugée suffisante pour vivre avec aisance, il y aura offre de travail au rabais jusqu'à ce que, par suite de ce rabais du prix du travail et conséquemment par suite de la réduction des frais de production, le bénéfice social arrive à un tel point que l'individu trouve la part de ce bénéfice suffisante à son entretien, et qu'il préfère se passer d'une plus grande quantité de biens que de se soumettre au travail qu'il faudrait pour l'acquérir.

Comme on voit la société opère une production de nature à satisfaire tous les besoins, aussi étendue que le permettent les deux limites que nous venons de lui poser sans se préoccuper du prix du travail. La répartition s'opère par la libre action des individus, en ce que ceux qui veulent plus et qui ont moins de répugnance pour le travail, reçoivent plus par leurs salaires ou leurs émoluments, et en ce que ceux qui n'aiment pas travailler et se contentent de moins, reçoivent dans cette mesure.

Mais si l'individu n'a aucun métier, s'il n'a qu'une force brute sans dextérité acquise ou naturelle, lui donnera-t-on du travail, même au rabais ? Il est dans l'industrie générale de la société une foule de fonctions qui ne demandent qu'un travail mécanique, ce travail n'est pas assurément celui qui est le plus attrayant et le plus rétribué, mais à chacun selon son mérite. Lorsqu'on ne sait rien faire et qu'on n'a pas voulu se donner la peine de rien apprendre, en ayant eu les moyens, on n'a pas le droit de se plaindre d'avoir en partage un travail moins attrayant et moins rétribué que celui des autres. Il résulte des considérations qui précèdent que, dans un pays où la fécondité du sol est grande, le bien-être est général et tout le monde, sans exception, le partage, et que dans un pays où les richesses naturelles sont peu abondantes, la gêne est également générale et tout le monde la ressent. Ce système de répartition est tel, qu'il détruit également la pléthore et l'atrophie dans le corps social et que, quelle que soit la somme des richesses, il les distribue de manière à satisfaire à la fois à la justice et aux conditions d'une bonne économie sociale.

Mais, dira-t-on, ce système de répartition qui détruit tout revenu, grand ou petit, et qui ne laisse à l'homme d'autre source de richesse que le labeur personnel, n'est-il pas de nature à restreindre la consommation de tout individu, en de telles limites, que chacun se donnera le nécessaire et l'utile, mais ne se permettra jamais le luxe? Le luxe cependant n'est pas chose condamnable ni superflue. Le superflu

est la surabondance ; le luxe n'est que l'abondance. Le
luxe a des beautés, des délicatesses, des agréments qui en-
chantent et poétisent la vie. Matériellement parlant, le nécessaire fait la vie supportable, l'utile fait la vie aisée et
commode, le luxe fait la vie agréable, riante et belle. Une
société ne perd donc-t-elle rien en perdant le luxe ?

Je conviens que l'homme trouve dans le luxe une source
de satisfaction très-grande et très-douce, et que loin de
chercher à priver l'homme du luxe on doit chercher à le
lui procurer. Mais ce système de répartition ne détruit
point le luxe ; il en change et en moralise la source. Le luxe
d'aujourd'hui a son origine dans les gros revenus ; ces gros
revenus sont un détournement de biens fait au préjudice
de ceux qui travaillent, non par le vice des hommes, je me
hâte de le dire, mais par les vices d'une fausse organisation sociale. Ce luxe-là a pour pendant les poignantes mi-
sères de ceux qui l'alimentent par leur travail. Ce luxe-là
n'aurait jamais dû exister et il ne sera jamais trop tôt qu'il
disparaisse. L'abondance des biens et le luxe ne doivent
pas être basés sur la spoliation déguisée ou patente des uns
par les autres, mais sur les moyens d'opérer une production abondante ou féconde à peu de frais ; alors, les richesses venant avec peu de labeur, le luxe est accessible à
tous.

La production sociale se divise en deux catégories :

1° La catégorie des produits destinés à une propriété et
à une jouissance privée tels que les objets de consommation individuelle ;

2° La catégorie des produits destinés à une propriété et
à une jouissance sociale, tels que monuments et ornements
publics, grands travaux d'utilité générale et capital industriel ou instruments de production.

La production de l'une plutôt que de l'autre de ces deux
catégories de produits n'est pas de nature à altérer la justice de ce système de répartition. Toute production qui

reste propriété publique appartient à tous, et tous en jouissent au même titre ; et le travail qu'elle occasionne est payé par tous au même titre ; car ce qu'on donne à l'ouvrier et à l'artiste est autant de moins dans le bénéfice social et conséquemment dans la part de chacun.

Si la société occupe un pays fertile prodiguant presque spontanément les produits nécessaires à la subsistance des habitants et les matières premières nécessaires à leur industrie, chacun aura beaucoup de bien-être sans presque être astreint à aucun travail. Si la société occupe au contraire un pays soit trop limité, soit trop ingrat pour offrir à ses habitants, au prix du travail modéré, leur subsistance et les matières premières de leur industrie, il faudra que ce travail soit doublé et qu'on supplée à l'impuissance naturelle du pays par toutes espèces d'améliorations artificielles. La somme de travail à dépenser étant, dans ce cas, très-forte, et la somme des produits peu considérable, chacun aura une faible part de bénéfice social et sera tenu de prendre part au travail, s'il veut améliorer son sort. Là l'existence sera moins heureuse.

Enfin, je termine l'analyse de ce système de répartition par l'exposé de qualités suivantes :

1º Il assure à l'homme la jouissance des biens naturels préexistants dont il est privé aujourd'hui ;

2º Il met tous les hommes à part des bienfaits produits par les découvertes du génie de l'humanité ;

3º Il garantit à chacun une application productive de ses facultés aussi étendue et aussi permanente qu'il le veut ;

4º Il égalise les situations du milieu social, situations aujourd'hui fatalement écrasantes pour certaines classes d'individus, et respecte dans leur principe comme dans leurs effets les inégalités pesonnelles ;

5º Il détruit le revenu du capital matériel individuel en détruisant le capital individuel lui-même ;

6º Il établit pour l'homme deux sources de biens, l'une

naturelle, commune, gratuite et étrangère à son activité ; l'autre privée, naissant de son activité propre, de son travail physique et intellectuel ;

7° Il donne à la production la limite rationelle qu'elle doit avoir, en l'arrêtant là où le produit n'est demandé par aucun besoin, et là où le produit demande plus de peine à sa production qu'il ne peut donner de satisfaction à sa consommation.

J'ai exposé succinctement et dans son idée générale le système des répartitions des produits dans la société, reste à connaître le système de production.

Mon but n'est pas de me livrer à une organisation secondaire, de descendre dans les détails techniques, où je pécherais par manque de connaissance spéciale. Je présente l'organisation économique dans ses principes fondamentaux et dans ses résultats généraux. Je me tiens, pour ainsi dire, à une hauteur philosophique, et je mets de côté toute question de réglementation. Comme base fondamentale de cette organisation, j'ai posé en principe la production par la société de tous les produits, de toutes les utilités matérielles et immatérielles, destinées à satisfaire les besoins de l'homme, et j'ai par là même détrôné la production individuelle. L'agriculture, l'industrie manufacturière, le commerce, etc., sont donc organisés en services publics. La société, en possession de tout le sol, l'exploite par le meilleur système d'agriculture qu'elle juge de nature à donner de meilleurs résultats sous le rapport de l'abondance, la perfection des produits et l'économie du travail. Elle organise son industrie manufacturière dans un système d'ensemble, de manière à juger avec justesse de la quantité et de la qualité des machines, des fabriques et des instruments d'industrie de toute espèce, nécessaires à la fabrication de telle quantité et de telle qualité déterminées de produits ; et cela afin d'éviter toute déperdition de travail par la construction et l'entretien d'un matériel trop grand, ainsi que par l'emploi d'un personnel hors de proportion avec les véritables besoins de l'industrie.

Elle organise son commerce de manière à tenir constamment approvisionnés ses magasins et ses marchés, de tous les objets de consommation qui peuvent être demandés par le consommateur. Le commerce fait par la société ne signifie pas gain, lucre, car elle ne gagne rien, ne prélève rien, mais transport et distribution des produits d'un climat et d'une contrée sur tous les points du pays et près de toute agglomération d'hommes.

Le corps législatif règlemente par des lois et constitue en services publics les opérations de l'agriculture, de l'industrie manufacturière, du commerce, etc. Le Directoire remplit et met à exécution les dispositions relatives à ces diverses opérations arrêtées par le Corps législatif. La haute-cour, dont le contrôle est souverain et indépendant, surveille et vérifie toutes les opérations sociales, arrête et liquide tous les comptes publics de manière à rendre impossible tout détournement de valeurs et de produits fait administrativement par des fonctionnaires, soit au préjudice de la société, soit au préjudice des individus.

Mais, me dira-t-on, c'est trop général, c'est trop vague, il n'y a pas là d'organisation économique?

J'avoue que c'est général et je ne tenterai pas, je l'ai déjà dit, une organisation dans ses détails d'application; il faudrait pour ça des capacités spéciales et pratiques; mais il n'y a là rien de vague. Il y a des idées précises et nettes. Il n'y a pas un édifice dans les détails de sa structure, mais il y a là un dessein qui présente le plan et qui trace les parties essentielles de cet édifice. C'est le seul but que je me suis proposé.

L'industrie sociale admise et organisée à la place de l'industrie privée, les faits généraux suivants s'en suivent comme conséquences logiques et nécessaires:

1º La société ne pouvant méconnaître que le bien-être

matériel, est défini par cette formule : — *Jouissance de la
plus grande somme de biens possible, au prix de la plus
faible somme de travail possible*, — et que conséquemment
réduction de travail signifie bien-être aussi bien qu'augmentation de richesses et perfectionnement de produits,
tendra, de plus en plus, à créer un organisme industriel
tel que la moindre partie de labeur humain ne soit dépensée sans porter sa somme d'utilité.

Je laisse le lecteur apprécier à quel degré de bien-être
on peut atteindre seulement par l'économie du travail ou
de la peine qu'on dépense en pure perte dans la société actuelle. Dans telle industrie, par exemple, telle quantité
de produits est nécessaire à la satisfaction des besoins généraux. Aussitôt s'élèvent entreprise contre entreprise, fabrique contre fabrique ; des produits hors de proportion
avec les besoins de la consommation se disputent le marché ; une guerre acharnée de concurrence s'établit entre
les diverses entreprises. La lutte dure jusqu'à ce qu'il y
ait une des entreprises qui succombe et fasse banqueroute.
Voilà des produits sans consommateurs, un matériel sans
emploi. Le tout se dégrade ou se vend à vil prix. Calculez
donc, à ce seul point de vue, quelle somme de travail se
dépense en pure perte dans l'industrie d'une société. Je
pourrais multiplier les exemples en signalant tout ce qui
est double emploi, perte de travail et perte de produits dans
l'industrie agricole et dans l'industrie commerciale.

2° Le consommateur ne sera plus exposé à être empoi-
sonné et volé en achetant pour bons des produits frelatés
et sophistiqués. Contrairement au producteur privé, la société n'a aucun intérêt à déguiser la valeur et à falsifier la
qualité des produits. La société ne peut s'attacher qu'à
créer des produits de la meilleure qualité, et dira au consommateur, sans exagération aucune, ce qu'ils valent, ce
qu'ils sont et ce qu'ils coûtent.

3° Une troisième conséquence de l'industrie sociale, et

c'est la plus grande de toutes, sera une révolution complète dans l'ordre architectonique, ainsi que dans la distribution et l'établissement des populations sur la surface du pays qu'elles occupent. Aujourd'hui l'ordre architectonique social consiste dans des habitations isolées, dans des bourgs, dans des villages et dans des villes. Les populations sont distribuées et établies dans ces habitations isolées, dans ces bourgs, dans ces villages et dans ces villes, et y résident d'une manière sédentaire. Un tel ordre architectonique et une telle distribution des populations ne sont pas des faits arbitraires, mais ils sont l'expression logique et nécessaire des conditions sociales du passé et du présent.

En occupant le sol, que cette occupation ait eu lieu par invasion violente ou par droit de premier occupant, les populations se sont distribuées et établies suivant les ressources que les localités offraient à leur existence. En se fixant d'une manière stable et sédentaire dans ces localités, elles y ont bâti des habitations. Les localités qui, par leur situation commerciale et par leurs ressources territoriales, ont appelé à elles une agglomération importante de population ont vu s'élever autour d'elles de vastes cités. Dans les localités d'importance commerciale et agricole secondaire, se sont élevés des villages. Enfin, là où il n'y avait pas d'intérêts commerciaux et peu d'intérêts agricoles, se sont élevés des hameaux et des habitations isolées. Indépendamment de ces considérations, l'importance politique a toujours contribué à donner du développement aux villes où elle se portait.

L'homme agissant isolément, suivant son goût, suivant ses intérêts, suivant ses moyens, en dehors de tout concert avec les autres hommes, imprime à l'architectonique le cachet de sa situation sociale. L'élément alvéolaire de cette architectonique est la maison, habitation et propriété d'un seul individu.

Cette maison est un bel édifice, ou une pauvre masure, suivant la situation personnelle de l'individu. Comme dans une agglomération d'individus, il s'en trouve dans toutes les situations, on voit une masure à côté d'un palais. C'est ainsi que non-seulement les villages, mais encore les villes les plus riches présentent dans leur ensemble un disparate et un défaut d'harmonie des plus frappants ; c'est ainsi qu'à côté de riches et splendides quartiers on voit des quartiers pauvres, sales et infects. L'architectonique actuelle étant basée sur des goûts, des intérêts et des moyens individuels méconnaît les intérêts généraux, tels que la beauté, la commodité, la salubrité et l'économie de l'ensemble. Dans l'organisation que j'expose, tout change nécessairement, et ordre architectonique et distribution des populations sur le sol. L'action individuelle de l'homme, avec le caprice de ses goûts et la faiblesse de ses forces, fait place à l'action collective de la société, avec la supériorité de sa puissance et le sentiment de l'harmonie générale.

Une maison n'est pas un produit consommable, mais un capital qu'on loue et dont on tire un revenu. Le produit consommable de ce capital est l'utilité qu'elle offre d'un séjour somptueux, commode, salubre et à couvert de toute intempérie.

Il est évident que la société se chargeant de toutes les entreprises destinées à satisfaire les besoins de l'individu, doit faire entrer dans son domaine l'industrie architectonique afin d'assurer aux individus des habitations agréables, commodes et salubres, tout en réduisant à la dernière limite le loyer. Je n'entends pas par là que la société doive construire des maisons-casernes et caserner les population ; mais j'entends que la société, comme aujourd'hui les propriétaires, construise et entretienne des habitations de toute espèce et les loue aux consommateurs, qui choisissent selon leurs goûts et leurs moyens.

L'action sociale étant substituée à l'action individuelle

dans la construction des villes, une ville, au lieu d'être un
amas incohérent de maisons de tout ordre, juxtaposées en
tous sens, ne sera plus qu'un gigantesque édifice, mathé-
matiquement calculé et distribué dans son ensemble et ses
détails, sur des données de beauté, de commodité, de salubrité et d'économie générale. Le consommateur ne gagnera
pas seulement, à ce système, d'avoir des habitations agréables et commodes, il gagnera encore de les avoir à très-bon
marché. En effet, une maison de 100,000 francs, en ad-
mettant que le propriétaire demande le 4 pour 100 de son
capital, retire un loyer annuel de 4,000 francs. Dans vingt-
cinq ans le consommateur aura donc intégralement payé la
maison. Dans l'architectonique sociale le loyer aura une
toute autre base. Une maison de 100,000 francs et reconnue pouvoir durer deux cents ans, ne coûtera de loyer
que 500 francs par an, et le consommateur, dans vingt-
cinq ans, au lieu d'avoir payé 100,000 francs, n'aura payé
que 12,500 francs. Dans les deux cas, je fais abstraction des
frais d'entretien.

Cessant d'avoir une propriété territoriale ou une propriété
bâtie, l'homme cesse d'avoir des intérêts personnels dans
tel ou tel endroit, cesse d'être attaché à la glèbe par l'exploitation privée et isolée d'une parcelle du sol. Il n'est plus
de telle ou telle localité, il est du pays tout entier. La
société, appelée à établir l'ordre architectonique à la place
de l'individu, se proposera le double but de distribuer les
populations sur toute la surface du pays, suivant les ressources qu'il fournit et le travail qu'il demande, et de constituer des agglomérations d'hommes assez fortes pour que
la vie sociale puisse vibrer en leur sein dans toute sa force
matérielle et dans toute son élévation intellectuelle.

Ce double but est atteint en bâtissant des villes à des
distances convenables sur toute la surface du sol, en donnant à chaque ville une circonscription territoriale, en
élevant dans chaque circonscription territoriale les fermes

nécessaires à l'extraction et à la fabrication de toutes les
richesses qu'elle renferme et qu'on peut y créer. De cette
manière, toutes les populations pourront rester et resteront
d'une manière sédentaire dans les villes. Les fermes d'exploitation seront habitées par une population flottante,
augmentant, diminuant, changeant selon la qualité, la
quantité et la durée des travaux que la société y fait
exécuter, et rentrant dans la ville, foyer de la vie sociale,
quand ces travaux sont terminés ou quand il plait aux individus de ne plus travailler. C'est ainsi que disparaîtront
ces villages, ces hameaux avec leur saleté croupissante,
avec leur population inculte et dénuée de richesses matérielles comme de richesses morales. La société peut faire
du pays entier un jardin, de chaque ville un palais resplen-
dissant de luxe.

En traitant la question de l'organisation du pouvoir social, j'ai proposé comme moyen de solution l'établissement
de comités électoraux permanents dans toutes les commu-
nes, avec pouvoir de porter, quand ils le voudraient, une
question quelconque devant le suffrage universel. Dans
cette nouvelle organisation sociale, la ville devenant à la
fois unité architectonique et unité d'agglomération de population, c'est à la ville qu'il faut attribuer ce qui a été dit
de la commune.

CHAPITRE VII.

ORGANISATION DE L'ÉCONOMIE MORALE.

Comme l'organisation de l'économie matérielle, l'économie morale sera faite par des données générales sans entrer dans aucun détail.

Dans l'économie morale on doit se proposer trois buts :

1° Faire pénétrer dans les masses des sentiments élevés, des mœurs polies, douces et dignes ;

2° Élargir le cercle de leurs connaissances et les enrichir d'idées vraies par une éducation sérieusement soignée donnée à chaque homme ;

3° Diminuer le plus possible le travail intellectuel qu'exigent les études scientifiques par des meilleurs systèmes d'enseignement. C'est à la fois assurer à l'homme des progrès rapides et lui épargner une dépense inutile de temps et de peine.

Les mœurs d'un peuple ne peuvent être que la conséquence, que l'expression de son état intellectuel et de son état matériel.

Plus un peuple aura de connaissances et de lumières, moins il aura de partiques superstitieuses et de préjugés ridicules, de manières dures et grossières. A un autre point de vue, l'état matériel de l'homme influe infiniment sur ses actes. Naturellement et spontenément, sauf de très-rares exceptions, l'homme est bon. Une grande

5

partie des dissentiments humains viennent uniquement
d'intérêts rivaux ou en contestation. Une grande partie
des crimes sont provoqués par la misère. Quant aux
mœurs qui regardent spécialement les rapports des sexes,
c'est la misère seule qui les a portées et qui les porte
au point de dégradation où elles sont. Croit-on que
la femme descende de gaieté de cœur à la prostitution?
Croit-on qu'il est dans ses passions et dans sa nature de
livrer son corps et sa pudeur à tout venant? Croit-on
qu'elle ne sait pas que, prostituée elle est mise moralement au ban de la société, qu'elle est méprisable et mé-
prisée? Non, elle n'ignore rien de tout cela; elle l'apprend
par l'insulte et le mépris que lui jettent journellement à la
face ceux qui achètent la possession de son corps. Elle sait
tout ça; elle en gémit, elle en pleure peut-être en secret,
mais une inéluctable nécessité l'a jetée dans cette position
dégradante, et une inéluctable nécessité l'y retient. La
meilleure preuve que la prostitution n'est que la fille de la
misère, c'est qu'une femme qui se trouve dans les régions
élevées de la société n'y tombe jamais. La femme qui est
dans une position indépendante et aisée peut aimer et se
livrer à son amour en dehors du mariage légal et religieux,
mais elle ne se vend pas, ne se prostitue pas. L'amour et
les relations de l'amour, en dehors du mariage, peuvent
être des choses coupables dans les lois religieuses et leurs
conséquences peuvent être fâcheuses dans notre milieu social, mais le philosophe ne saurait trouver de raisons légitimes pour les flétrir. Entre l'amour et la prostitution la
distance est infinie. Dans l'amour, la femme aime et se
donne à son amant; dans la prostitution, elle fait commerce
d'elle-même et se vend à tout venant. Comme on voit, les
mœurs ne s'enseignent pas et ne s'apprennent pas directement, mais on les modifie et on les relève en répandant le
bien-être et les lumières dans les masses. Il n'y a que les
idées, les sciences qui s'enseignent et s'apprennent, et pour

la propagation desquelles il soit nécessaire d'établir un enseignement professionnel.

Pour donner des lumières à tout le monde, il faut que
chacun, sans exception et dans toute position, reçoive une
éducation. Il n'y a que la société capable de garantir et de
donner à tout le monde une éducation. La société peut la
donner en fait, car elle n'a à se heurter contre aucune impossibilité matérielle. Maîtresse de toutes les richesses sociales et ne pouvant pas être arrêtée par des considérations
financières, elle peut établir un enseignement social à tout
degré, intellectuel et pratique, pour toute la jeunesse;
établir des chaires de sciences, d'arts, de métiers, et ouvrir
des bibliothèques pour tout le monde. La société peut la
donner en droit, car l'éducation générale ne blesse aucun
intérêt ni aucun droit privé : ce qui est fait pour un est
fait pour tous. Qui peut élever une réclamation contre les
frais généraux et les charges de l'éducation gratuite,
quand chacun a reçu, reçoit ou recevra cette éducation
gratuite, et quand les charges pèsent également sur tout
le monde ? Les frais d'éducation sociale ne font que diminuer d'autant le bénéfice net de la société, et chacun a droit
à une égale part de ce bénéfice.

CHAPITRE VIII.

DU SYSTÈME PÉNITENCIER.

Les lois doivent avoir une sanction ; toute violation de la loi doit être punie.

Mais tout en reconnaissant la nécessité et la justice de porter des peines contre ceux qui violent les lois, il faut aussi reconnaître qu'il est diverses circonstances où le caractère de culpabilité de la violation se modifie et même quelquefois disparaît. Combien de gens qui violent les lois par ignorance ! Il n'y a pas là de culpabilité. Combien de gens qui violent la loi et qui, tout en sachant qu'ils commettent quelque chose de défendu, se font cependant illusion sur le degré de gravité de leur acte ! La culpabilité morale n'est pas égale, dans ce cas, à la culpabilité légale. Il importe donc que la société instruise les citoyens sur les diverses lois qu'elle établit et sur les peines qu'elle attache à leur violation. Combien de gens qui violent la loi parce que la loi n'est pas équitable et que, sous l'enveloppe d'une justice légale, ils trouvent une injustice morale ! Il importe donc que la société n'établisse aucune loi sans un fonds réel de justice. Combien de gens qui violent la loi et tombent dans le crime à regret, mais poussés par une extrême misère ! C'est une énorme atténuation dans la culpabilité. Augmenter le bien-être, c'est donc diminuer d'autant les crimes à punir.

Que de délits et de crimes surviennent par suite des intérêts rivaux et embrouillés que les hommes ont tous les jours à faire valoir et à démêler au sein de la société actuelle! L'industrie sociale faisant disparaître toutes les luttes d'intérêt de l'industrie privée, et réduisant les hommes à avoir presque toutes leurs transactions intéressées avec la société, au lieu de les avoir entre eux, réduit d'autant les délits et les crimes à punir. Enfin, en rendant impossible toute tentative de concussion et de détournement des fonctionnaires de la société par un système de comptabilité claire comme le jour, transparente comme le verre, et par un contrôle de tous les instants, aussi puissant qu'incoruptible, on éloigne également de l'homme les occasions de faillir. Ces considérations sont faites pour démontrer que dans une grande partie des crimes et des délits que la société punit sur les individus, la société est coupable elle-même de n'avoir pas su les prévenir en éloignant de l'homme les occasions qui l'ont fait faillir.

Nous avons parlé des moyens préventifs ; parlons à présent des moyens de répression ou du système pénitencier.

Deux grands vices caractérisent le système pénitencier actuel :

1° Au lieu de le corriger, il dégrade et pervertit davantage l'homme qui subit la punition ;

2° Il fait une charge sociale de ce qui devrait et pourrait être un revenu.

Il y a lieu de distinguer deux espèces de criminels :

1° Ceux dont les actes revêtent un caractère de haute perversité et décèlent une nature aussi basse et méchante qu'incorrigible.

Ceux-là, la société doit les retrancher ou les séquestrer, de manière à ce qu'ils n'aient plus aucun rapport avec le reste des hommes. Ces criminels, se livrant au mal parune sorte de plaisir du mal, sont heureusement très-rares.

2° Ceux qui violent les lois dans les circonstances que j'ai énumérées plus haut, et qui se portent à des excès contre les personnes par violence momentanée de caractère.

Ces criminels pèchent par faiblesse humaine comme tout le monde peut pécher. Ils doivent être blâmés et punis, mais jamais dégradés. Dégrader un homme, c'est le tuer moralement, c'est le décourager et le désespérer pour l'avenir, c'est rendre à jamais impossibles une réconciliation et un rapprochement entre lui et la société. La punition, qu'elle soit forte ou légère, corrige; la dégradation perd à tout jamais. Après la punition, l'homme peut être meilleur; après la dégradation, il est sûrement plus mauvais, parce que, ayant perdu l'estime publique, il n'a plus à chercher à la conserver. Il faut punir l'homme sans attacher à sa punition aucun caractère d'infamie.

Le système pénitencier actuel, qui consiste à priver l'homme de sa liberté et à le tenir incarcéré pendant la durée de sa punition, est onéreux pour la société, en ce qu'elle est obligée d'entretenir le condamné et d'avoir à sa charge la construction et l'entretien des établissements pénitenciers, et funeste au condamné, en ce que les relations journalières qu'il a avec les criminels de toute espèce sont faites pour le pervertir et non pour l'améliorer et le moraliser.

Voici le système pénitencier que j'attache à l'organisation sociale que je viens d'exposer :

1° Incarcération des condamnés qui doivent être séparés pour toujours de la société.

2° Point d'incarcération ni d'infamie pour ceux qui doivent rentrer dans la société.

3° Laisser au condamné sa liberté et ses relations sociales et privées.

4° Donner pour punition au condamné un impôt de travail au profit de la société pendant un temps déterminé ou à perpétuité, suivant la gravité du délit ou du crime.

5° Imposer à l'individu l'espèce de travail qui est le mieux en rapport avec ses aptitudes, et qui, par conséquent, est le plus productif, à moins que, par aggravation de peine, on ne veuille le soumettre à des travaux plus durs et plus répugnants.

6° Le condamné ne reçoit aucune rétribution pour le travail qu'il fournit, et doit le fournir suivant les prescriptions de la société. Il subsiste uniquement avec sa part du bénéfice social ou avec un minimum qui lui serait garanti si cette part de bénéfice n'était pas assez grande, pendant tout le temps qu'il est obligé de livrer gratuitement son travail à la société.

Ce système pénitencier, loin d'être une charge, garantit au contraire un bénéfice à la société.

Qu'on se figure la quantité de travail que la société aura gratuitement dans ses opérations industrielles, en réduisant en travail toutes les peines portées contre les individus, et on aura une idée de la quantité de produits que ce travail portera gratuitement à la consommation générale.

Ce système pénitencier punit plus et pervertit moins que le système d'incarcération expiatoire.

Mais, me dira-t-on, le condamné peut se soustraire à la punition en s'expatriant.

Dans l'état actuel de choses, on peut obvier à cet inconvénient par des conventions d'extradition des criminels entre les divers États, et en augmentant la peine de tout condamné qui se soustrait à la punition. Dans l'avenir, l'humanité est destinée à ne former qu'une seule société, et le globe qu'une seule patrie. Et, conséquemment, on n'aura pas besoin de conventions d'extradition des criminels. Cet avenir paraît aujourd'hui sinon impossible, du

moins immensément éloigné. C'est cependant une erreur :
cet avenir est si près de nous que nous y touchons. Le dé-
nouement du socialisme est là.

CHAPITRE IX.

Le système d'organisation sociale qui vient d'être exposé repose entièrement sur la direction et l'exécution de toutes les industries par l'État. Mais l'État dans l'esprit de bien des gens est un tiers, un étranger, et s'il vient s'immiscer dans les opérations industrielles et s'en attribuer la direction, il est regardé comme un usurpateur et un intrus. Les uns, comme M. Mortimer-Ternaux, crieront, à l'exploitation de l'homme par l'État; les autres crieront, au communisme; tous crieront, à la compression de la libre activité de l'homme et au despotisme social.

Raisonnons. En droit, qu'est-ce que l'État ou la société? C'est tout le monde, c'est la collection de tous les citoyens. Tout acte de l'État est l'acte de volonté générale. Tout bien résultant de cet acte profite à tout le monde; tout mal résultant de cet acte pèse sur tout le monde. Donc, l'intérêt de l'État est identique à celui de l'individu, ou plutôt l'État n'a pas d'autre intérêt que celui de l'individu.

Donc l'exploitation de l'homme par l'État n'est qu'un absurde et grossier contre-sens.

L'accusation de communisme n'est pas plus sensé que celle d'exploitation de l'homme par l'État. Une entreprise dirigée collectivement et dont les fruits sont partagés d'après les droits de chacun, ne constitue pas le communisme,

5

mais l'association. J'ajoute que l'industrie sociale aboutit à la justice, en faisant participer chacun aux biens naturels préexistants, tandis que l'industrie individuelle d'aujour- d'hui consacre la spoliation, en privant le plus grand nom- bre de la jouissance de ces biens.

Le troisième chef d'accusation, ou la compression de l'activité individuelle et le despotisme social, n'est pas plus fondé que les autres.

Quel est l'État où l'homme jouit de plus de liberté et d'indépendance ?

Évidemment celui où il est soumis à moins de servitudes envers la nature physique, envers l'individu et envers la société.

Or, les servitudes envers la nature physique consistent dans le labeur qu'on est obligé de dépenser pour obtenir les richesses qu'elle renferme ; et l'industrie sociale a pour but et pour effet d'obtenir de la nature physique le plus de richesses possibles pour le moins de travail possible.

Les servitudes envers l'individu consistent à être sous sa dépendance, sous quelque rapport que ce soit. L'individu a été autrefois dans la dépendance de l'individu sous le titre d'esclave, de serf. Il l'est aujourd'hui sous le titre de prolétaire. L'industrie sociale a pour but et pour effet de faire disparaître cette dernière dépendance, cette dernière forme de servitude, en brisant cette féodalité industrielle et financière qui tient en ses mains l'existance du prolé- taire, par le travail qu'elle peut lui accorder ou lui refuser à volonté, et qui l'exploite en exigeant de lui un dur travail, sans même lui donner de quoi vivre convenablement des fruits de ce travail. Le prolétaire travaille toujours et est toujours dans la misère, la féodalité capitaliste ne travaille jamais et est toujours dans la richesse.

Les servitudes envers la société consistent dans les charges qu'elle impose, dans les compressions qu'elle exerce sur la liberté et la libre activité de l'individu. Mais dans l'organisation sociale qu'on vient de voir, l'Etat, loin d'opprimer l'individu, soit physiquement, soit moralement, lui rend au contraire l'indépendance physique par le bien-être qu'il lui procure, et élève sa puissance intellectuelle par l'éducation qu'il lui garantit.

Il laisse entièrement libre et indépendante sa vie privée. Il ne s'y mêle en rien ; il n'y intervient en rien, si ce n'est pour lui défendre de nuir aux autres et pour empêcher que les autres ne lui nuisent. Les recherches de son intelligence, l'action spéculative de son esprit restent libres et dégagées de toute entrave, dans quelque domaine qu'elles s'exercent. L'Etat n'absorbe en lui de l'homme que ce qui appartient nécessairement à la sphère sociale. L'Etat opère la production générale, fait aussi grande que possible cette production, la distribue sur tous les points du pays, la place sur le marché, et, les frais de revient payés, il partage entre tous les citoyens le bénéfice net, en donnant à chacun un titre ou une valeur représentatifs de la part qui lui revient. L'individu dépense et consomme cette valeur en tels produits, en tel temps, en tel lieu et de telle manière qu'il lui convient. S'il trouve que cette valeur fait sa consommation trop restreinte, il s'en procure d'autres par son travail qu'il offre à prix de concurrence à la société.

En un mot, l'individu est rentier, fonctionnaire et ouvrier, et l'État est le producteur, le fournisseur universel de tous les produits et de toutes les choses matérielles et immatérielles demandées par les besoins et par les goûts de l'homme. Si cette répugnance contre l'immixtion de l'État dans les affaires industrielles n'est pas fondée pour l'État tel que je le conçois, tel que je le définis, tel qu'il doit être, je dois avouer qu'elle ne l'est que trop pour l'État tel qu'il a été. L'État de la monarchie absolue était la propriété d'un homme; l'Etat, c'est moi, a pu dire Louis XIV. Je conçois que l'invasion d'un pareil Etat dans l'industrie ne serait pas faite pour rassurer. Les richesses produites au lieu de se répartir équitablement entre tous les citoyens iraient alimenter les folles dépenses, et les débauches des rois et de leurs cours.

L'Etat constitutionnel qui, après la révolution de 89, a succédé à l'Etat despotique, et qui a duré jusqu'en 1848, n'est pas non plus l'Etat de tout le monde. Là, ce sont un roi et de hauts censitaires qui peuvent dire : L'Etat, c'est nous. L'appropriation de l'industrie par ce second Etat ne serait pas faite non plus pour donner la moindre part des biens produits à ce roi et à ces hauts censitaires.

Mais l'Etat du présent et de l'avenir, c'est l'Etat de tous. C'est à celui-là que j'accorde une dictature industrielle ; car cette dictature sera celle de tous, et ses actes profiteront à tous ou nuiront à tous. Cet Etat est celui qu'a proclamé la révolution de février ; mais elle n'a pas su lui donner une vie réelle.

Des âmes généreuses et justes se préoccupent aujourd'hui d'une éducation intellectuelle, morale et pratique à donner à tout le monde, d'un bien-être convenable à procurer à tout le monde, d'un secours assuré et efficace à donner à toute impuissance et à toute infirmité, du travailleur qui produit tout à mieux récompenser, du capitaliste qui ne produit rien, à détrôner. Je défie qu'on arrive à organiser quelque chose de tout cela autrement que par l'entreprise de l'industrie morale et matérielle par l'Etat. Condamner et repousser l'industrie par l'Etat, c'est condamner et repousser l'industrie par l'association.

CHAPITRE X.

TRANSACTION.

Comment passer de l'ordre social existant à l'ordre social qui vient d'être exposé ?

Il faut nécessairement que la société achète toute la propriété foncière ainsi que tous les instruments d'industrie, et qu'elle en rembourse la valeur à leurs propriétaires.

Cette transaction entre la société et les propriétaires est dans l'intérêt des deux parties. C'est dans l'intérêt de la société, parce que les instruments d'industrie, tels qu'ils sont maintenant, lui sont nécessaires pour continuer la production sans temps d'arrêt, au lieu et place de l'industrie privée. C'est dans l'intérêt des propriétaires, parce que ces instruments d'industrie seraient perdus pour eux, si la société ne les achetait pas.

Mais comment rembourser une si énorme somme de valeurs.

Evidemment ce ne peut pas être au comptant, puisque la société est actuellement en déficit, et que tout le numéraire et tous les produits de cette société ne sauraient approcher de la valeur à rembourser.

D'un autre côté, l'individu ne saurait accepter en paiement plus de produits qu'il ne lui en faut pour sa consommation, du moment que ces produits ne pourraient pas devenir un objet de commerce ou de spéculation.

Le système de remboursement ne peut donc reposer que sur les bases suivantes :

1° Opérer la liquidation de toute la propriété privée qui doit devenir propriété sociale ;

2° Enregistrer au grand livre de la dette nationale tout ce qu'on doit aux particuliers pour le montant des choses qu'ils vendent à la société ;

3° Admettre chaque créancier, pour payement de son compte, à prendre sur le marché social tous les produits qui lui conviendront pour sa consommation, quelque grande et quelque fastueuse qu'il veuille la faire, jusqu'à extinction de sa créance ; mais sans lui payer aucun intérêt des valeurs dues et sans lui permettre de prendre sur le marché social des produits pour en faire le commerce. Ceci peut paraître arbitraire et injuste au premier abord. En effet, dans l'état actuel des choses on ne conçoit guère qu'on puisse justement se dispenser de payer à un créancier un intérêt quelconque des sommes qu'on lui doit, pendant tout le temps qu'on est débiteur.

Il y a deux manières d'envisager le fait : il faut l'envisager au point de vue de l'économie sociale qui nous régit et au point de vue moral. Au point de vue de l'économie sociale qui nous régit, la raison d'être le principe de l'intérêt des valeurs est le besoin de l'emprunteur. Au point de vue moral, la raison d'être le principe de l'intérêt doit-être le sacrifice du prêteur.

Je vous demande le prêt de quelque chose. De deux choses l'une ; ou ce prêt, que vous me faites, est pour vous un sacrifice vrai d'intérêts légitimes, et alors rien de plus juste que vous soyez indemnisé, de ma part, de ce sacrifice ; ou le prêt que vous me faites ne vous coûte rien, n'influe en rien sur vos intérêts légitimes, et alors, en me demandant une indemnité vous ne faites qu'abuser de ma position et spéculer sur mes besoins ; vous me spoliez, vous faites une mauvaise action, une action immorale.

Je suppose, qu'en se rendant à son atelier, un travailleur
rencontre, au bord d'une rivière, un homme riche qui se
noie, et qu'il n'aitt qu'à lui tendre la main, en passant, pour
le sauver. Certes, l'ouvrier peut imposer toute espèce de
conditions à celui qui est près de périr, Il peut lui dire :
« Je vais te tendre la main et te sauver si tu me fais aban-
« don de tout ce que tu possèdes, sinon je te laisse noyer.»
L'autre est obligé d'accepter et de faire abandon de sa fortune. Mais on conviendra que ce n'est là qu'une spoliation,
un acte profondément immoral. Il n'y a aucun sacrifice
dans le service rendu, il ne doit y avoir aucune indemnité
à demander. Je suppose, à présent, que l'ouvrier, qui va à
son atelier, tire gratuitement de l'eau celui qui est près de
se noyer, et que celui-ci, après avoir été sauvé, demande à
l'ouvrier d'aller chercher un médecin, assez loin pour que
ce déplacement fasse perdre à l'ouvrier sa journée. Alors,
comme l'ouvrier est obligé de faire un sacrifice d'intérêt,
il est aussi en droit d'exiger le salaire de la journée qu'il
va perdre.

Dans l'état actuel des choses, le prêt à intérêt constitue
la principale source des revenus des hautes classes de la société. On ne peut nier qu'il n'y ait un certain sacrifice de
la part de celui qui prête ; car, en prêtant ses fonds, il peut
se priver de les consommer, il peut se priver de les transfor-
mer en instruments de son industrie personnelle ; enfin, il
court risque de ne pas être remboursé, si celui à qui il prête
fait de mauvaises affaires. Mais on ne peut pas nier non
plus que l'intérêt du prêt ne dépasse pas l'indemnité due au
sacrifice ; et que le spectacle que nous offre notre société,
de gens travaillant toujours et ne gagnant pas de quoi
vivre, et de gens ne travaillant jamais et gagnant des
millions, ne soit un spectacle profondément immoral,
un spectacle qui atteste la spoliation des uns par les
autres.

J'ai fait ressortir le double caractère de juste indemnité,

ou d'abus de situation et de spoliation que peut revêtir l'intérêt. Je vais examiner maintenant quel serait le caractère de l'intérêt exigé par les créanciers de la société, après la liquidation dont il a été question ci-dessus.

La liquidation régulièrement et équitablement faite, la société doit telles valeurs déterminées à des individus, qu'elle se propose de rembourser, à cette condition que chaque créancier pourra venir prendre, sur le marché social, tous les produits qu'il voudra, pour sa consommation, jusqu'à extinction de sa créance, et qu'il ne pourra pas faire des produits, qu'il prendra un objet de commerce.

Je me demande quels sacrifices impose aux créanciers la non-possession matérielle et immédiate des valeurs dont la société est débitrice.

Y a-t-il privation dans leur consommation ? Non. Ils peuvent la faire aussi étendue, aussi variée et aussi fastueuse qu'ils le désirent.

Sont-ils privés des bénéfices qu'ils auraient réalisés, s'ils avaient la libre disposition de leur avoir. Non. La filiation factice des valeurs a cessé d'exister, et toute entreprise industrielle de nature à donner des gains est dans les mains de la société. Nul ne peut plus aspirer à des revenus financiers, ni à des bénéfices industriels. Il n'y a plus que le travail qui reçoive son salaire. Ils auraient donc en main cette valeur, qu'ils seraient obligés de la garder dans un coin et de la consommer à mesure de leurs besoins, sans tirer aucun profit de cette possession.

Sont-ils exposés à perdre leur avoir ? Moins que s'il était dans leurs mains. Car, dans leurs mains, il peut se perdre par un accident, ou par un vol, tandis que dans les mains de la société, aucune de ces chances de perte ne saurait les inquiéter. En parlant des garanties de la société, je parle de la société organisée d'après les principes exposés dans cet écrit, et non de la société existante, qui donne à ses créanciers des craintes sérieuses de banqueroute par im-

puissance de solvabilité et par des éventualités de boulever-
sements politiques.

Moralement, les créanciers de la société ne sauraient
donc parvenir à justifier une demande d'intérêt pour les
valeurs que la société leur doit, parce qu'il n'y a aucun sacrifice de leur part. Mais, ils pourraient se renfermer dans
une forme judaïque du droit et dire : « Vous prétendez que
« moralement nous n'avons aucun droit à un intérêt de
« notre avoir, que vous gardez dans vos mains, soit ; mais
« moralement nous avons droit à la libre disposition de
« notre bien et nous voulons en avoir immédiatemeut la
« possession matérielle et intégrale par devers nous.
« Nous ne voulons pas que cette possession soit dans vos
« mains. »

Mais, la société pourra alors leur répondre par une autre forme judaïque du droit et leur dire : « L'eau, la terre
« et l'air sont des biens naturels préexistants qui appar-
« tiennent à tous. Ce n'est que par l'oubli du droit, par
« l'ignorance des véritables lois sociales, ou par la violence
« de la force que ces biens sont actuellement exclusivement
« entre vos mains. Mais le droit de tous à la possession de
« ces biens est imprescriptible et ne périt pas avec le temps.
« La société représente les droits et les intérêts de tous.
« Au nom de tous, j'ai droit d'entrer et j'entre en posses-
« sion de ces biens, sans vous indemniser ; car ceux qui
« ont été spoliés, en bonne justice, ne sont pas obligés
« de racheter leur bien, et le prennent là où ils le
« trouvent. »

« Sur ces biens naturels et avec ces biens naturels se
« trouvent les richesses créées par votre travail, et celles
« créées par le travail des autres, et qui vous ont été lé-
« guées. De ces dernières richesses, je n'en ai pas besoin
« ou je n'en veux pas ; évacuez-les de dessus ma propriété.
« Je ne veux plus voir aucun de vos vaisseaux sur la mer,
« aucune de vos usines, aucun de vos palais, aucun de vos

« jardins sur la terre. Ceci est certainement désastreux
« pour vous, mais je suis dans mon droit. »

Le système de remboursement qui vient d'être exposé
est donc celui qui convient aux droits et aux intérêts de
tous.

CHAPITRE XI.

Dans les masses, le socialisme est un sentiment profond et vrai de la fausseté de la société actuelle et une aspiration invincible et incompressible vers une société meilleure, plus juste et moins marâtre à leur égard. Chez les réformateurs, le socialisme est avec ce même sentiment, l'étude du problème de la réorganisation sociale et la discussion des moyens de cette solution. Les divers systèmes socialistes ne sont que des projets différents de solution de ce problème. Que les diverses solutions données jusqu'à ce jour soient toutes fausses, pour moi, cela est vrai ; que la solution que je donne dans cet écrit ne vienne qu'augmenter d'une le nombre des utopies sociales, cela se peut encore ; mais cela ne prouve pas comme un parti, qui s'intitule le *grand parti de l'ordre*, le prétend, que le socialisme soit une abberration de l'esprit humain, ou l'expression de passions subversives et criminelles. Condamner et repousser les solutions fausses, rien de plus juste, rien de plus légitime ; mais repousser et condamner avec ces fausses solutions, le problème en lui-même, comme manquant de données vraies et morales, en contrarier et en flétrir l'étude, c'est vraiment faire preuve d'un étrange aveuglement et manquer à la fois de raison et de justice. Que des passions criminelles et des ambitions subalternes ne se couvrent et n'agissent hypocritement sous le manteau du socialisme, c'est ce qu'il serait difficile de nier ; mais la bonne foi veut qu'on distingue ces passions et ces ambitions du socialisme, et qu'on ne frappe pas celui-ci de la rébrobation et de la flétrissure qui ne conviennent qu'à celles-là.

Peu importe que le problème de la réorganisation sociale dont s'occupe aujourd'hui le socialisme, ne soit pas encore résolu ; ce qu'on doit constater, c'est que ce problème est vrai et moral dans ces données, c'est que la société actuelle est un tissu d'abus et qu'elle pèche par ses bases fondamentales, c'est qu'une réorganisation sociale est à la fois une justice et une nécessité. Le problème étant vrai et moral, dans ses données, la solution ne peut manquer d'arriver. Il n'y a que les problèmes faux dans leurs données qu'on ne peut jamais résoudre.

Qu'arrivera-t-il le jour où le problème de la réorganisation sociale sera résolu et démontré, résolu d'une manière incontestable ?

Ce jour-là, chez les peuples civilisés d'Europe et d'Amérique, l'ancien ordre social s'écroulera presque simultanément, pour faire place au nouveau, parce que malgré la différence de leur état politique, au fond, tous ces peuples souffrent du même mal, vivent de la même pensée et marchent dans le même progrès.

Le socialisme d'aujourd'hui, — je parle du socialisme qui agite et qui remue les masses et non du socialisme spéculatif de telle ou telle école, — le socialisme d'aujourd'hui, dans ses tendances, dans ses aspirations, dans sa portée réformatrice, embrasse-t-il tout le développement social de l'humanité ?

Non. Il prend un peuple pour unité et il circonscrit son organisation sociale là-dedans. Il dit : association des individus, d'un peuple, au lieu de dire association des individus, de l'humanité. Il permet aux peuples de croire à une existence indépendante et individuelle avec la propriété incontestable de telle ou telle contrée du globe qu'ils occupent.

Cette vérité, que l'individualité des peuples et des nations, au sein de l'humanité, est chose négative de justice et de bien-être et conséquemment destinée à périr, n'est pas encore descendue dans les masses, et je puis même dire qu'aucune école ne l'a suffisamment et puissamment mise en lumière.

Mais, quoique inaperçue dans ce moment, cette vérité, par le cours naturel des choses, occupera le terrain pratique de la réalisation aussitôt après la solution de la question du jour ou l'association des individus dans une société. La question de demain sera, il ne faut pas en douter, l'association des peuples dans l'humanité.

Le morcellement du globe en autant d'apanages qu'il y a de peuples divers et indépendants, l'infinie variété de mœurs, de coutumes, de religions, de législations qu'on trouve chez ces divers peuples ; la lutte d'intérêt où ils sont sans cesse ; la guerre qu'ils se font ou qu'ils sont toujours prêts à se faire ; tout cela constitue, à un suprême degré, un état anormal de l'humanité : état sans conscience des droits des hommes, sans intelligence des intérêts généraux, sans sentiment de la dignité et de la grandeur de l'espèce humaine. C'est l'humanité à l'état féodal.

Le travail de réorganisation qui s'opère au sein des états civilisés accompli, l'esprit de progrès, qui ne saurait jamais s'arrêter dans sa marche ascendante vers la justice et le bien-être, jettera aussitôt dans les masses l'idée de l'association des peuples ou de l'unité universelle, en posant les questions suivantes :

1° Nul peuple n'a le droit de s'approprier telle ou telle contrée du globe et de s'en attribuer la jouissance à l'exclusion du reste de l'humanité. L'occupation et la conquête ne sont que des circonstances, et ne peuvent jamais créer un droit. Le globe entier est l'apanage de l'humanité entière. Aucun partage n'a jamais été fait et ne saurait jamais être fait, parce qu'il n'aurait pas de pratique possible. L'exploitation du globe par l'association universelle est le seul moyen d'arriver, sur ce point, à la pratique entière du droit.

2° L'association universelle est dans l'intérêt général, parce que par là l'humanité voit disparaître la guerre, un des fléaux qui la désolent; parce que par là l'humanité économise les richesses que la guerre détruit sur son passage, tout le travail et tous les produits qui se perdent dans la fortification, l'armement et l'entretien des places de guerre dans l'armement, l'équipement, l'entretien et les approvisionnements de toute espèce des énormes armées permanentes qui couvrent le globe ; parce que par là l'humanité économise tout ce que ces armées, recrutées dans la partie la plus vigoureuse et la plus valide des populations représentent de force productive, puisque cette force est dépensée en pure perte à des exercices et à des occupations militaires assurément très-pénibles, mais absolument improductifs; enfin parce que par là l'humanité gagne tout ce qu'un système d'exploitation unitaire, calculé dans ses dépenses, calculé dans ses produits, calculé dans ses moyens, peut offrir d'économie, de force, d'accroissement de richesses et de bien-être général.

Ces questions posées et comprises par les masses, l'association des peuples civilisés s'accomplira aussitôt, parce que, libres de toute oppression gouvernementale et maîtres de leurs destinées, ils iront spontanément vers ce qui est juste et utile. Le problème de l'association des individus, d'un peuple résolu, l'association des peuples n'est qu'une affaire d'agglomération de populations et d'extention de territoires, sans offrir d'autres problèmes et d'autres difficultés à résoudre que ceux qui naissent du dispositif différent à employer, quand au lieu d'une contrée c'est le globe entier à exploiter et quand au lieu d'un peuple c'est l'humanité entière à administrer.

Mais si la civilisation européenne et américaine est assez mûre pour admettre l'idée et comprendre les avantages d'une société universelle, les peuples de l'Asie et de l'Afrique sont trop arriérés pour la comprendre et pour l'apprécier. Ces derniers peuples sont d'une immobilité et d'une barbarie telles que, laissés à leur propre mouvement, il leur faudrait encore bien des siècles pour atteindre au développement intellectuel et industriel des peuples civilisés. Il ne peut y avoir par conséquent entre ces peuples d'un état moral si éloigné ni communauté de pensée, ni communauté d'action. Cette circonstance retardera-t-elle la réalisation de l'unité universelle? Les peuples civilisés s'arrêteront-ils devant cet obstacle et attendront-ils pendant des siècles la virilité morale de ces peuples arriérés? Non. Ils imposeront à ces peuples arriérés et barbares la société universelle par la force des armes. Ils ont pour cela le droit, car nul peuple ne peut prétendre à la jouissance de telle ou telle contrée, à l'exclusion des autres, et la jouissance pour tous les peuples de toutes les parties du globe ne peut avoir lieu que par l'association universelle. Ils ont pour cela l'intérêt général qui, en cette circonstance, s'élève à la hauteur de l'intérêt de l'humanité; enfin ils ont pour cela la force, parce que les peuples civilisés de l'Europe et de l'Amérique, pour faire la loi au reste du monde n'ont qu'à le vouloir. Ils ne sauraient trouver aucune résistance capable de les arrêter. La France et l'Angleterre seules dominent déjà, en partie, l'Afrique et l'Asie.

Oui, le socialisme de demain sera la question de l'association universelle et dans un temps qui n'est pas éloigné de nous, qui ne dépassera peut-être pas le XIXᵉ siècle, à la place et sur les ruines du vieux monde, s'élèvera une société nouvelle, la société de l'avenir.

FIN.

TABLE DES MATIÈRES.

FIN DE LA TABLE.

Ouvrages à cinq centimes l'exemplaire,

OU A TROIS FRANCS LE CENT.

L'Evangile de Paris.

Politique et Socialisme à la portée de tous, par G. Mortillet.

Le Soldat représentant.

Quatre Hommes et un Caporal.

Passé, Présent et Avenir, par Libremont.

Le Goujon civil et militaire, par Biard.

Le Choléra, par Biard.

Les Emeutiers, par Armand Lévy.

Le Soldat du Pape, par Albert Maurin.

Le Pot de terre et le Pot de fer, par Boyer.

Les Hommes malades de la peur,   id.

Sceptre et Besace,   id.

Le Général Croquemitaine.

Petit Dialogue sur la Propriété, par Cabet.

Les Icariens d'Amérique,   id.

Lettre d'Emile de Girardin à Montalembert.

Catéchisme, par Chevet.

Puisque l'Argent se cache, il faut que le Papier se montre, par Joigneaux.

Institut républicain.

Ouvrages à dix centimes l'exemplaire,

OU A SIX FRANCS LE CENT.

Sur la Propriété, par Ramond de la Sagra.

Réponse de Louis Blanc à Thiers, sur le Droit au Travail.

Épître à Louis-Napoléon.

Catéchisme de Louis Blanc.

Message du Peuple français à Louis-Napoléon.

La République et la Commune.

Les Petits livres rouges (2ᵉ partie), par Albert Maurin.

Lettre d'un Electeur rouge.

Les Républicains blancs, par un rouge.

La Politique de Jean-Pierre, par Laulerie.

Le Droit d'insurrection aboli.

La République n'est pas une nouveauté en France, par
Bonnin.

Qu'est-ce que le Communisme? Ce n'est pas le Partage,
par Guerrin de Vitry.

Qu'est-ce que la République démocratique? par Tribout.

Statuts de l'Association des Travailleurs.

Le Credo socialiste, par Damath.

Plus de conscription, par Alyre Bureau.

Plus de droit réunis,   id.

Les Réformes politiques et les Réformes sociales, par
Guillon.

Le Socialisme de l'Etat, par le même.

Projet de Banque hypothécaire, par J. Debry.

De la Majorité, a-t-elle le droit de ramener une Monarchie? par Alfred Bougeart.

Organisation du Crédit gratuit.

Adresse des Armées de la République française.

Chant des Ouvriers, par Dupont.

 — des Paysans, id.

 — des Etudiants, id.

 — des Soldats, id.

 — des Nations, id.

Chant des Transportés, par Dupont.
— du Pain,   id.
— du Peuplier,   id.
— du Vote,   id.
— Dieu sauve la République, par le même.

Ouvrages à quinze centimes l'exemplaire,

OU DIX FRANCS LE CENT.

La Guillotine, par Gabriel Mortillet.
Droit au Travail, par Geniller.
Principe constituant, par Biard.
L'Individualisme et le Communisme, par Lefuel.
Le Banquet des Travailleurs socialistes.
Le Siége de Paris par les maîtres d'école, par Malardier,
    auteur du Guide du Peuple dans les Elections et
    de l'Evangile et la République.
Deux jours de condamnation à mort, par Barbès.
Le Dieu des Richés et le Dieu des Pauvres, par Dugers.

Ouvrages à vingt centimes l'exemplaire,

OU QUINZE FRANCS LE CENT.

Lettres d'un Paysan, par Joigneaux.
Anarchie sociale, par Tribout.
Rome à la France, par Bernard.

Ouvrages à divers prix.

Quelques paroles d'un Proscrit, par Hubert.
Au Peuple, les Socialistes, par Louis Bertrand.
Petite lettre d'un Républicain rose à Lamartine.
Organisation du Travail agricole, par Joigneaux.
Les Royalistes et leur Politique, par H. Vigneron.
Dernier Etat social, par Bonhoure.
Jésus-Christ devant le Conseil de guerre, par Meunier.
Le Berger de Kravan (Eugène Sue). 30 c.
De l'impôt et du Crédit (Gilardeau). 30
La République à Lyon (M. Treillard). 30
Maître Adam, menuisier (Agricol Perdiguier). 30
Plus d'intérêt, des billets de Banque pour rien. 20
De l'avenir des ouvriers, par P.-A. Arnal. 30
Lutte du Catholicisme et de la Philosophie, par
    Benjamin Gastineau. 30
Profession de foi d'un communiste (Jean Macé). 30
La cour de Rome, par Manuel de Rosales. 30
Ni château ni chaumière (Pillot). 30
Lettre de Pyat aux électeurs de la Nièvre. 50
De la Vénalité des Offices (Gilardeau). 50
Un procès à la société actuelle. 40
Régénération financière et sociale, par P. Maubert. 50
Manuel républicain (Renouvier). 50
Plus de Tiare, par un Catholique. 50
Aux Fabricants, aux Négociants et aux Agricul-
    teurs, par G. Ducimetière. 50
La Contre-Révolution dévoilée, par A. Tourin. 50

Égalité dans l'impôt, par Baille. 50 c.

Le droit au travail (Esquiros) 50

Les petits livres du peuple (Gilland). 50

Karl-Sand, drame en cinq actes (Hugelmann). 50

La Terreur blanche (Albert Morin). 50

La Science du Socialisme, par Lecouturier. 60

Le Pape au XIXᵉ siècle (Mazzini). 60

Vie politique de Ledru (Napoléon Gallois). 75

Foi et Avenir (Mazzini 75

Réponse à Chenu et à Delahodde. 75

Maximilien Robespierre, par Lodieu. 1 fr. »

Organisation du travail (Louis Blanc). 1 »

Appel aux Honnêtes gens id. 1 »

Histoire démocratique, par Agricol Perdiguier, 1 volume. 1 »

Le Livre du compagnonnage, 2 volumes, par
Perdiguier. 2 50

Histoire d'une Scission dans le compagnonnage, id. 1 »

Biographie de l'auteur du Livre de compagnonnage. 1 »

République et Royauté en Italie (Mazzini). 2 »

Les Montagnardes, par Dugaillon. (la livrai-
son). 1 »

Confession d'un révolutionnaire, par Proudhon. 1 »

Histoire populaire de 1789 à 1799, par Ma-
gen. 1 50

Histoire de la conspiration de Babœuf. 1 25

Le compagnonnage, ce qu'il a été, ce qu'il
est, ce qu'il doit être, par Sciandro. 1 »

La Mort de Jésus, tragédie en cinq actes, par
   Sauriac.

Philosophie du socialisme, par A. Guépin. 3   50

Pages d'histoires, par Louis Blanc.   5

Décadence de l'Angleterre, deux volumes,
   par Ledru-Rollin.   10 »

Mably, Théories sociales.   2 50

Les philosophes salariés, par Ferrari.   2 50

L'Egalité   (Pierre Leroux).   4 »

Malthus et les écnomistes id.   2 »

Du christianisme   id.   1 50

Projet d'une constitution id.   2 »

D'une religion nationale id.   1 »

La revue sociale, 3 volumes id.   15 »

Procès du 13 juin, avec portraits des accusés. 3 »

Collection du Travail affranchi, 25 numéros. 3 »

La bonne nouvelle.   » 50

Colection du journal la Propagande, 7 numéros.   1 40

Tous les ouvrages démocratiques et socialistes, dont la nomenclature serait trop longue à détailler.

Lithographies et gravures.

GALERIE COMPOSÉE PAR LA CIT^e GOLDSMID.

République universelle, en noir.   1 50

Jugement de Dieu.   id.   1 50

Marché universel   id.   1 50

Triomphe   id.   1 50

Mêmes lithographies, teintées, chaque. 2 »
Mêmes lithographies, coloriés.

République universelle	3	25
Jugement de Dieu	3	25
Marché universel.	4	50
Triomphe.	4	50

AUTRE GALERIE COMPOSÉE PAR LE MÊME AUTEUR.

Le suffrage universel, teinté.	»	75
Les orphelins. id.	»	75
Le sommeil du peuple. id.	1	»
Le mirage. id.	»	75
La planche de salut. id.	»	75
La source de vie. id.	»	75
La fraternité. id.	1	»
La liberté à la délivrance des peuples.	1	»
La délivrance ou la mort du prolétaire, par Étex.	2	»
La république démocratique, par Fischer.	2	»
Barbès, gravé.	1	25
Les accusés de Versailles.	2	»

Toutes les lithographies démocratiques, portraits des républicains et des socialistes, à des prix divers.

Montmartre. — Imp. Pilloy frères.

www.ingramcontent.com/pod-product-compliance
Lightning Source LLC
Chambersburg PA
CBHW060622100426
42744CB00008B/1466